Fontenay, Louis-Abel de Bonafous, abbé de
Couché, Jacques

Galerie du Palais-royal gravée d'après les tableaux des différentes écoles qui la composent, avec un abrégé de la vie des peintres et une description historique de chaque tableau....Tome III-Paris : J. Couché, J. Bouillard, 1786.- In-fol., 4 p. et 82 pl. gravées

Ecole hollandaise,allemande,française

V 294

GALERIE

DU

PALAIS ROYAL.

IMPRIMERIE DE H. PERRONNEAU.

ÉCOLE HOLLANDAISE.

ANTOINE MORO.

Hugues Grotius.

ABRAHAM BLOEMAERT.

Saint Jean prêchant dans le désert.

ADRIEN STALBEN.

La pêche.

CORNILLE POELENBURG.

Les nymphes au bain.
Céphale et Procris.
Les nymphes et les faunes.
Les vaches.
Les ruines.

REMBRANDT VAN-RYN.

Flamand.
Flamande.
Un bourguemestre.
Une vieille Hollandaise.
Le moulin.
Saint François.

GÉRARD DOW.

Le joueur de violon.
La vieille et la lampe.
La Hollandaise sur son stock.

PIERRE LAER (*Bamboche.*)

Les enfans.
Les sbires.

PHILIPPE VOUWERMANS.

Départ pour la chasse.
Retour de la chasse.
La curée.
La chasse au vol.

HERMAN SWANEVELT.

Les bergers.

JEAN GRIFFIER.

La rivière.
Les deux montagnes.

BARTHOLOMÉ BREENBERG.

Les ruines.
Les bergers.
Les rochers.
La tour.

JEAN-BAPTISTE WEENINX.

La gayeté bachique.

PAUL POTTER.

Chasse au cerf.

TOL.

La cuisinière.

FRÉDÉRIC MOUCHERON.

La chute d'eau.

FRANÇOIS MIERIS.

Le chimiste.
Les bacchantes.
Une femme mangeant des huîtres.

GASPARD NETSCHER.

Portrait de Gaspard Netscher.
Les Bohémiennes.
Agar.
Le repos.
Offrande à Vénus.
La maîtresse d'école.
L'oiseau.

GODEFROI SCHALKEN.

La bague.

VAN-DER-NÉER.

Retour des bestiaux.

ADRIEN VAN-DER-WERFF.

La vendeuse de marée.
Le vendeur d'œufs.
Le jugement de Pâris.

JEAN WYNANTS.

Le moulin.

ÉCOLE ALLEMANDE.

JEAN ROTTENHAMER.

Jupiter et Danaé.

JEAN-HENRI ROOS.

Le pâtre.

VAGNER.

Les voyageurs.
Les ruines.

ÉCOLE FRANÇAISE.

FRANÇOIS CLOUET (*Janet.*)

Henri IV.

SIMON VOUET.

Gaucher de Châtillon.

NICOLAS POUSSIN.

Le baptême.
La pénitence.
La confirmation.
L'eucharistie.
L'extrême-onction.
L'ordre.
Le mariage.
La naissance de Bacchus.
Le frappement du rocher.
Moïse marchant sur la couronne de Pharaon.
Moïse exposé.
Le ravissement de Saint Paul.

CLAUDE GELÉE (*le Lorrain.*)

Soleil couchant.

JEAN-BAPTISTE SANTERRE.

Le régent.

EUSTACHE LE SUEUR.

Alexandre et son médecin.

LE VALENTIN.

Les cinq sens.
Les quatre âges.
La musique.

PHILIPPE DE CHAMPAGNE.

Louis XIII.
Gaston de Foix.

SÉBASTIEN BOURDON.

Christine, reine de Suède.
Warin.

CHARLES LE BRUN.

Le massacre des innocens.
Hercule assommant les chevaux de Diomède.

HYACINTHE RIGAUD.

Charlotte-Élisabeth de Bavière, duchesse d'Orléans.

ANTOINE WATEAU.

Le bal champêtre.

GALERIE
DU
PALAIS ROYAL,
GRAVÉE
D'APRÈS LES TABLEAUX

DES

DIFFÉRENTES ÉCOLES QUI LA COMPOSENT,

AVEC UN ABRÉGÉ

DE LA VIE DES PEINTRES,

ET

UNE DESCRIPTION HISTORIQUE DE CHAQUE TABLEAU.

TOME TROISIÈME.

A PARIS,

Chez { J. COUCHÉ, GRAVEUR, RUE DE LA HARPE.
{ LAPORTE, LIBRAIRE, RUE DE SAVOIE, N°. 5.

M. DCCC. VIII.

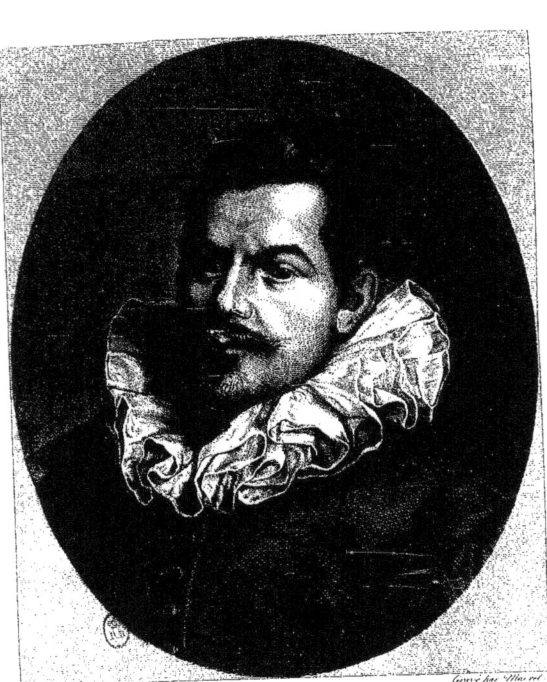

HUGUES GROTIUS.

De la Galerie du Palais d'Orléans.

ECOLE HOLLANDAISE.

Iᵉʳ PORTRAIT ATTRIBUÉ À ANTOINE MORO.

Peint sur Toile Figure de grandeur naturelle

Le Portrait de cet homme jeune encore, portant cheveux courts et moustaches; une fraise sur le cou, un pourpoint tailladé à l'insertion des manches, un manteau attaché seulement à l'une des épaules passe pour être celui de Hugues Grotius, célèbre hollandais auteur de plusieurs ouvrages estimés et connu par son attachement généreux pour le grand pensionnaire de hollande Olden Barnevelt.

Quoique l'époque de la naissance et de la mort d'Antoine Moro soit incertaine, il n'est point probable que ce portrait soit en même tems celui de Grotius et l'ouvrage de l'Artiste auquel il est attribué. L'espace accordé à cette notice est trop resserré pour donner place à l'exposition de nos doutes, qui ne tendent nullement à déprimer le mérite réel de cet ouvrage. Nous nous réservons à les exposer dans la table raisonnée des tableaux de cette collection, qui servira d'introduction et de complément aux explications déjà données.

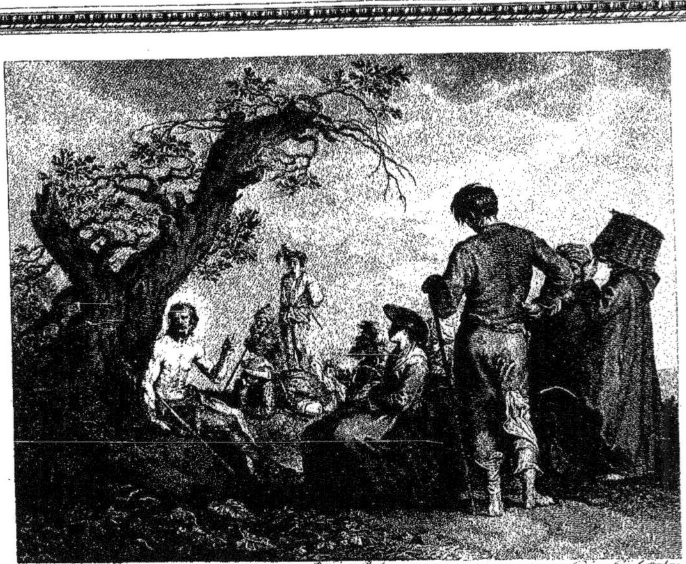

ÉCOLE HOLLANDOISE.

TABLEAU D'ABRAHAM BLOÉMAERT.

Peint sur Bois, ayant de hauteur 14 Pouces, sur 1 Pied - Pouces de large.

Monseigneur le Duc d'Orléans ne possède que ce seul Tableau de ce Maître.

Ce Tableau est un des bons Ouvrages de Bloemaert. La distribution des plans et des groupes donne lieu à de belles masses d'ombres et de lumières, et à un effet vigoureux. On remarque dans les figures d'assez bons caractères de tête de la finesse et de la maëstrie; mais la singularité du Costume dans les vêtemens donne en général un caractère extraordinaire et plaisant même à quelques personnes. Cette licence est pourtant rachetée aux yeux des connoisseurs par le séduisant du Coloris, la facilité du Pinceau et la fermeté de l'effet qui constituent en Peinture le mérite essentiel d'un Tableau.

Abraham Bloemaert naquit, selon Sandrart, en 1567 dans la Ville de Gorcum; il suivit son Père qui étoit architecte à Utrecht, où il fut élevé. Il ne dut son Talent qu'à la Nature, n'ayant eu pour Maîtres que des Peintres médiocres. Bloemaert quitta sa Patrie à l'âge de 10 ou 15 ans, et se rendit à Paris; il s'adressa à Jean Bassot et à Maître Héry, tous deux Peintres médiocres; il ne resta avec eux que trois Mois dessinant et peignant toujours de génie. Il quitta cette Ville pour retourner dans sa Patrie et vint ensuite à Amsterdam, où il eut occasion d'exercer son Talent.

Tous les genres de la Peinture lui étoient familiers, hors celui du Portrait. Ses compositions plaisent, parce qu'il sçut y répandre des graces; mais on y trouve un goût de Dessin maniéré; il coloriot bien et connoissoit les avantages de l'air obscur, dont il a sçut tirer parti. Tous ses Tableaux portent le Caractère d'une production facile; ils sont peu connus en France; la Hollande, la Flandre et l'Allemagne possèdent en partie tout ce qu'il a fait. Après la mort de son Père il retourna à Utrecht où il mourut en 1647 âgé de plus de 80 Ans; il se maria deux fois; parmi ses trois fils Corneille Bloemaert s'est très distingué dans la Gravure.

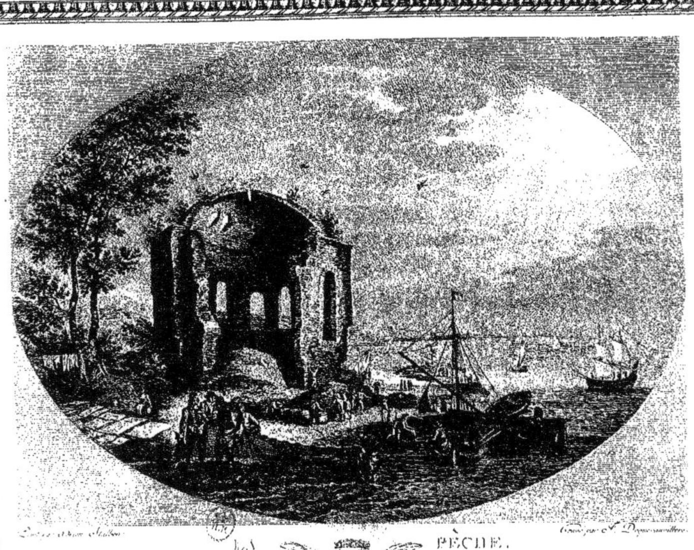

De la Galerie du Palais Égalité.

ÉCOLE HOLLANDOISE.

TABLEAU D'ADRIEN STALBEN

Peint sur Cuivre, Ovale, ayant de hauteur 8 Pouces, sur 10 Pouces de large.

Il n'y a qu'un seul Tableau de ce Maître dans la Collection du Palais Royal.

Ce Peintre né à Anvers en 1580, fit paroître dès l'âge le plus tendre, un génie doué des plus belles dispositions pour la Peinture : aussi les premières Années de sa jeunesse furent-elles marquées par les progrès les plus rapides. Son assiduité à l'Étude et au Travail, sa facilité à copier les plus beaux Originaux, annoncèrent un artiste digne d'entrer en concurrence avec les plus habiles de son tems.

Stalben s'adonna principalement au Paysage, et y fit briller ses Talens. Ses Compositions aussi étendues que variées embrassoient presque toutes les parties de son Art. Il embellissoit ses Tableaux de petites figures qu'il dessinoit avec esprit, et qu'il peignoit d'un bon ton de Couleur. Les Édifices qu'il y mettoit, montroit son intelligence dans la perspective et l'Architecture ; le feuillé de ses Arbres est bien touché, et en rend bien les différentes espèces. Une grande harmonie règne par-tout, et son fini précieux, aimable et délicat, peut être mis en parallèle avec celui des Peintres qui se sont le plus distingués dans cette carrière.

Stalben mourut dans un âge très avancé, sans que l'on sache en quelle Année. On assure qu'il s'occupoit encore de son Art à l'âge de 90 Ans.

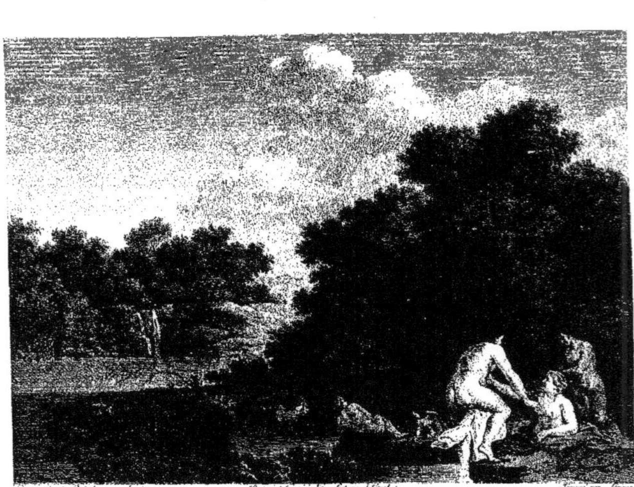

ÉCOLE HOLLANDOISE.

D'APRÈS LE TABLEAU DE CORNEILLE POELENBURG.

Peint sur Bois, Gravés de même grandeur que l'original.

On voit six Tableaux de ce Maître dans la Galerie du Palais Royal.

Le mérite de ce Tableau, comme de tous ceux qu'on connoît de Poelenburg, quand ils sont en petit, est le ton vrai de la Nature qu'il savoit parfaitement saisir. Son coloris est suave, sa touche fine et legere, son paysage largement jetté d'un beau ton vigoureux et sans sécheresse. Ses figures qui, dans presque tous ses Ouvrages, sont des femmes au bain ou dansant avec des Satyres, sont d'un bon ton de couleur. Dans le sujet dont il est ici question, les femmes dont les attitudes sont variées, interessent sous tous les rapports qui constituent un savant Artiste. On est peut-être en droit de reprocher à Poelenburg de n'avoir pas un grand caractere de Dessin. Il a laissé une très grande quantité de Tableaux qui font l'ornement des Cabinets.

Corneille Poelenburg, né à Utrech en 1586, reçut les premiers principes de son Art d'Abraham Bloemaert, et se rendit fort jeune à Rome où il se proposa pour modele la maniere d'Adam Elzheimer. Les Amateurs qui venoient le voir travailler, charmés de sa belle éxécution, lui commanderent assez de morceaux pour l'occuper pendant son séjour dans cette Ville. S'étant déterminé à retourner dans sa Patrie, il passa par Florence, où le Grand-Duc voulut aussi employer son Pinceau, et lui donna des preuves de l'estime qu'il faisoit de ses Talens.

De retour à Utrech, Rubens qui aimoit sa maniere de peindre, ne négligea rien pour se procurer plusieurs de ses Tableaux. L'éloge d'un si grand-homme suffisoit seul pour donner une haute idée des Talens de Poelenburg : mais sa réputation fut encore mieux établie par d'excellens Ouvrages ; elle passa jusqu'à Londres où Charles I l'attira en 1637. Il enrichit le Cabinet de ce Prince de plusieurs beaux Tableaux, et il revint comblé de biens à Utrech, où il mourut en 1660, âgé de 74 ans.

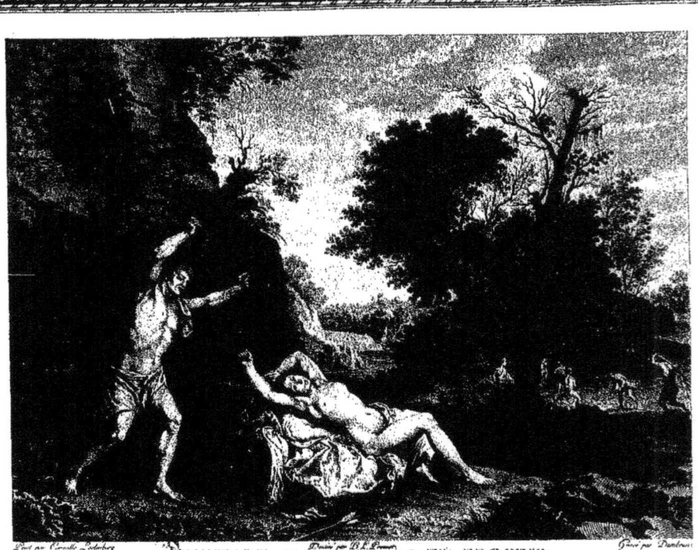

De la Galerie de S. A. S. Monseigneur le Duc d'Orléans.

A. P. D. R.

ÉCOLE HOLLANDOISE.

II.ͤ TABLEAU DE CORNEILLE POELENBURG.

Peint sur Cuivre, ayant de hauteur 10 Pouces, sur 14 de large.

Ce sujet est tiré de la Mythologie : on n'a qu'à ouvrir le premier Livre qui traite de la Fable, pour savoir ce qu'étaient Céphale et Procris. On se contentera de dire ici que l'Aurore ayant enlevé le premier, tâcha vainement de lui inspirer de l'Amour : celui qu'il éprouvait pour Procris le rendit insensible aux charmes de la Déesse. Revenu auprès de son Épouse, et tourmenté par la Jalousie, il voulut mettre à l'épreuve sa fidélité en se déguisant : il eut lieu de reconnaître combien il est dangereux de tenter une femme, même la sienne. Procris prêta l'oreille aux tendres déclarations d'un Amant qui n'était pas son Mari : mais qu'elle fit sa honte quand celui-ci reprenant tout-à-coup sa figure, lui fit les reproches les plus amers sur son infidélité : elle s'enfuit dans les Bois, où Céphale qui ne pouvait vivre sans elle alla bientôt la chercher. En signe de réconciliation, elle lui fit présent d'un Javelot et d'un Chien que Minos lui avaient donnés. Et son tour elle éprouva tous les tourmens de la Jalousie ; et un jour qu'elle s'était cachée dans un Buisson pour l'épier, elle devint la triste victime de la méprise de Céphale : il la prit pour une bête fauve, et la tua avec le Dard, dont elle lui avait fait présent. Le désespoir qu'il conçut de sa fatale erreur, le porta à se donner la mort avec la même arme. Jupiter les métamorphosa tous les deux en Astres.

Corneille Poelenburg a saisi l'instant où Céphale accourt aux cris plaintifs de Procris. Le Corps nud et renversé de cette infortunée est rendu avec une grande légèreté de touche. Céphale exprime fortement, par son attitude, sa surprise et sa douleur. Tous les accessoires donnent à ce Tableau l'effet le plus piquant. On ne reconnaît pas ici le caractère de Dessin lourd et incorrect, qu'on reproche généralement à Poelenburg. Peut-être seront-ils plus fondés à le blâmer de n'avoir pas puisé dans la Nature l'attitude de Procris, qui paraît trop apprêtée, et les draperies trop arrangées, quoiqu'elles soient du plus beau ton : mais ces défauts de convenance sont si bien enchâssés par la parfaite exécution, que l'on peut à tous égards regarder ce Tableau comme un des plus séduisans, qui soient sortis de la main de ce célèbre Artiste : il est d'ailleurs de la plus belle conservation.

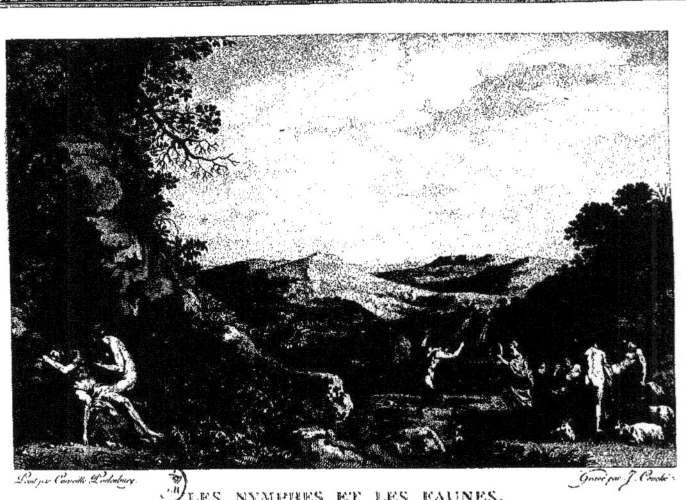

LES NYMPHES ET LES FAUNES.

De la Galerie du Palais d'Orléans.

ÉCOLE HOLLANDOISE.

IIIe TABLEAU DE CORNEILLE POELENBURG.

Peint sur Bois, ayant de hauteur 1 Pied 3 Pouces, sur 2 Pieds de large.

L'on peut citer ce Tableau comme un des plus précieux de ce Maître; il réunit toutes les parties aux qu'elles son goût le ramenoit sans cesse; mais que son génie exprimoit toujours avec un nouvel intérêt. Ici la Scène offre un Site charmant qui invite l'œil a en parcourir les différens Plans et a s'arrêter sur les détails qui les enrichissent. D'un côté c'est un homme qui sommeille à l'entrée d'une Grotte formée dans un Rocher, et qu'une femme cherche a réveiller; de l'autre on voit un Satyre dansant avec une femme qui frappe un Tambour de Basque; et près d'eux sont d'autres figures qui se reposent entourées des Chèvres, des Moutons et des Vaches qu'ils ont amenés paître au pied des Rochers qui les environnent.

Un Ciel suave et légèrement chargé de Nuages répand de la Gaieté dans l'effet de ce Tableau: le Paisage, les Plantes et le Rocher qui en occupent le devant produisent des masses d'ombres et des oppositions de tons qui concourent à la perfection de l'harmonie générale. Enfin on retrouve par tout le Coloris, la finesse et le moëleux du Pinceau qui caractérisent les ouvrages de Corneille Poelenburg.

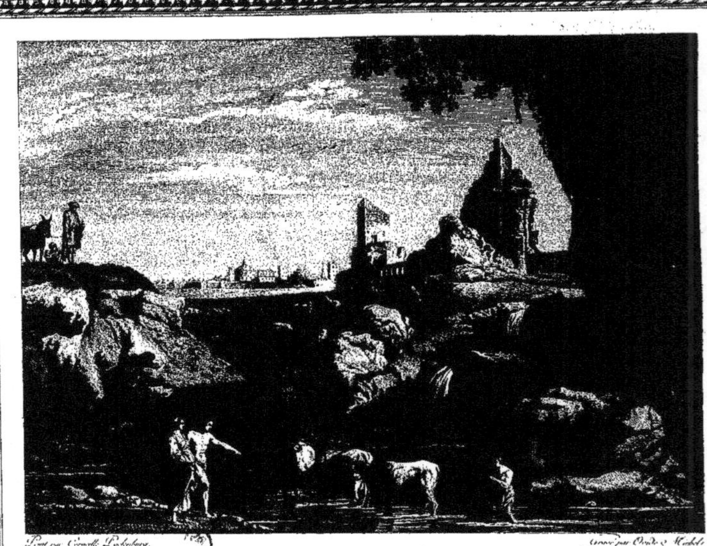

LES VACHES.

De la Galerie du Palais d'Orléans.

ÉCOLE HOLLANDOISE.

IVᵐᵉ TABLEAU DE CORNEILLE POELEMBURG.

Peint sur Cuivre, ayant de hauteur 1 Pied 3 Pouces, sur 1 Pied 9 Pouces de large.

La manière de Poelemburg, dit M. Descamps, est suave et légère. la Nature est représentée dans tout ce qu'il a peint tout ce est vague et fait de peu de travail ses Masses sont larges, il aimoit à retoucher ses Ouvrages, lors qu'ils étoient faits. Un travail léger les finissoit, il savoit choisir des lointains agréables qu'il embellissoit de petits Édifices situés aux environs de Rome. Ses fonds sur le devant soutenoient l'Harmonie de ses Tableaux; il entendoit bien le Clair-Obscur; ses figures nues sont bien Coloriées; il se plaisoit sur-tout à peindre des femmes. Sa Touche étoit pleine d'esprit, mais le Dessin en est rarement correct, il lui manquait en ce genre cette finesse qu'il avoit dans le Pinceau.

Ses Tableaux en petit sont les plus recherchés: le nombre en est considérable, on ne doit cependant pas les confondre avec ceux de ses Élèves qui ont imité sa manière.

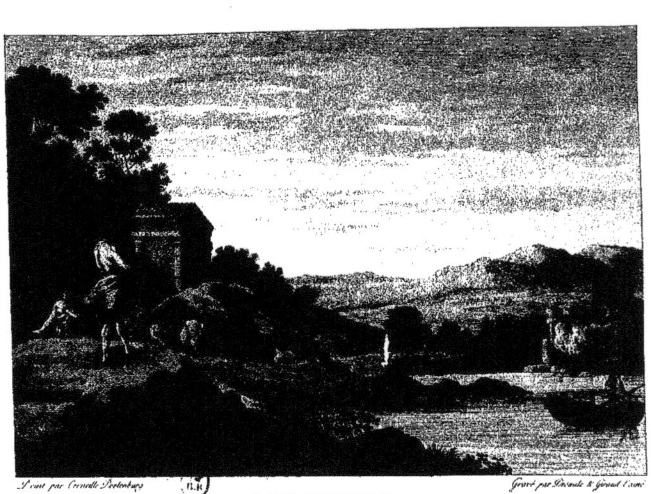

LES RUINES.

De la Galerie du Palais d'Orléans

ÉCOLE HOLLANDOISE.

Vᵉ TABLEAU DE CORNEILLE POELENBURG.

Peint sur toile, hauteur 1 pied 4 pouces, largeur 1 pied 10 pouces.

Au pied d'une colline couverte de bois s'élève un petit édifice orné de pilastres dont la forme ressemble à celles de plusieurs petits temples et tombeaux répandus dans les campagnes de Rome. A la gauche du spectateur se présentent des ruines sur le bord d'un fleuve qu'un pêcheur traverse dans sa barque. Vers la droite deux femmes et quelques animaux sont cachés en partie par le premier plan qu'occupe un pâtre debout, à demi-nud et armé d'un baton qui lui sert d'appui pour marcher. Le ciel est lumineux et annonce l'approche d'une belle soirée dont l'Italie donne souvent le spectacle agréable.

Quoique ce tableau offre plustot le souvenir vague que l'image fidèlle d'un site particulier, il y a lieu de croire que Poelenburg en le traçant se rappeloit les bords du Tibre près de Rome vers la fontaine d'eau minérale, connue sous le nom d'Acquacetosa.

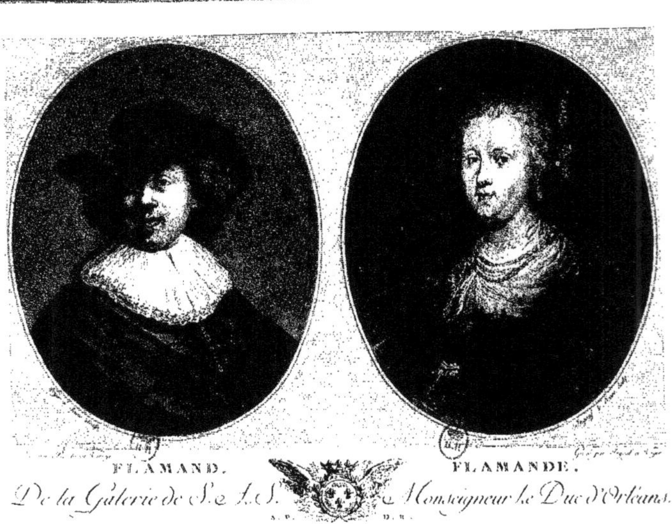

De la Galerie de S. A. S. Monseigneur le Duc d'Orléans.

ÉCOLE HOLLANDOISE.

Ier et IIme TABLEAU DE REMBRANT VAN RYN.

Peints sur Bois ayant de hauteur 23. Pouces sur 16. Pouces 6. Lignes de large.

S. A. S. Mgr le Duc d'Orléans possède Six Tableaux de Rembrant.

Ils étoient autrefois au Palais Royal; mais on les voit aujourd'hui au Raincy où feu S. A. S. le Duc d'Orléans les fit transporter avec les meilleurs Tableaux de l'École Flamande, pour orner ce lieu de plaisance, situé à trois heures de Paris, dont il faisoit ses délices.

On sçait que Rembrant excelloit dans le portrait: il avoit l'art de saisir le caractère de chaque physionomie et il imitoit si fidèlement la nature, qu'il sembloit que ses têtes s'animassent et sortissent de la toile. C'est ce qu'on remarque surtout dans les deux têtes qui composent cette Estampe où ne craint pas de dire que ce sont deux chefs-d'œuvre sortis des mains de ce Peintre vers 1632; c'est à dire dans le temps où son talent s'étoit déjà élevé à la perfection. Les deux qualités éminentes de cet Artiste, le grand effet et la belle couleur, y paroissent dans tout leur éclat; mais ce qui les distingue encore d'une manière particulière, et ce qui mérite l'attention des Amateurs, c'est qu'elles sont d'un fini achevé, comparable à celui de Gérard Dow ou de Mieris, genre de fini assez rare dans Rembrant, qui avoit coutume de charger les lumières dans ses portraits, d'épaisseurs si considérables qu'on diroit qu'il a voulu plûtôt modeler que peindre. On a vû sur tout de lui une tête où le nez étoit presqu'aussi saillant que celui qu'il avoit copié d'après nature. Cette manière de peindre le portrait n'étoit pas du goût de tout le monde; mais Rembrant s'en embarrassoit fort peu. Il dit un jour à quelqu'un qui s'approchoit de fort près pour voir ce qu'il peignoit, qu'un tableau n'étoit pas fait pour être flairé, et que l'odeur de la couleur n'étoit pas saine.

Rembrant, dont le véritable nom de famille étoit Gerretz, naquit dans un moulin près de Leyde, en 1606. et mourut à Amsterdam en 1674. Il ne s'est pas rendu moins célèbre par ses Gravures que par ses Tableaux: il a su répandre dans les unes et dans les autres la même harmonie, la même chaleur, et la même intelligence du clair obscur. Sa pointe libre et pittoresque négligea les principes de l'art; mais une touche légère, spirituelle, expressive offre des beautés qui firent toujours les délices des connoisseurs. Le nombre de ses Estampes est considérable; on en compte encore 380. parmi lesquelles on trouve son portrait qu'il a gravé plusieurs fois, de même que celui de sa femme. Quelques connoisseurs prétendent que ces deux têtes sont les portraits de l'un et de l'autre.

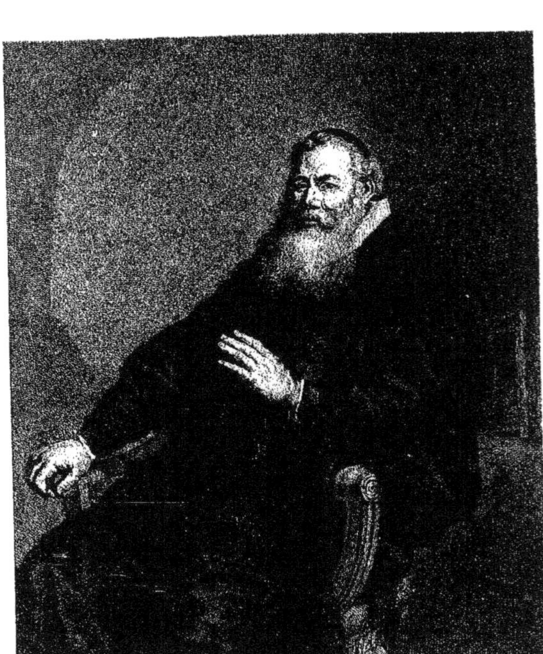

De la Galerie de S.A.S. Monseigneur le Duc d'Orléans.

ÉCOLE HOLLANDOISE.

III.e TABLEAU DE REMBRANT VAN RYN

Peint sur Toile, ayant de hauteur 4 Pieds 5 Pouces, sur 3 Pieds 4 Pouces de large.

La pûreté de touche, la finesse d'expression, la splendeur du coloris, la magie du clair-obscur, rien n'est à désirer dans ce superbe Tableau, qui passe pour un des chefs d'œuvres de Rembrant. On sçait que ce célèbre Artiste n'avoit point eu le goût formé par la connoissance de l'Antique; il ne fit point le voyage de Rome, cette patrie des Arts, où il auroit puisé les règles du beau. Il n'a dû son talent qu'à la Nature et à son instinct: mais en peignant le portrait il a rendu cette nature avec tant de vérité et d'intelligence, qu'aucun Peintre en ce genre ne lui peut-être égalé.

Rembrant étoit fils, comme nous l'avons dit, d'un Meunier. Après avoir cultivé sous des Maitres les heureuses dispositions qu'il avoit pour la Peinture, il se retira dans la Maison de son Père, et fit des progrès étonnans dans son Art, en étudiant les grandes beautés de la Nature. Un Tableau qu'il venoit de faire, fut examiné par des Connoisseurs qui lui conseillerent de le porter à Amsterdam; il le vendit cent florins. Cette somme lui causa autant de joye que de surprise; il ignoroit son propre mérite, et comme il aimoit extrêmement l'argent, ce fut un appât bien séduisant pour le faire travailler avec plus d'ardeur. Ses soins ne furent point infructueux; tous les jours ses Tableaux plus connus eurent un plus grand débit: c'est ce qui l'engagea à s'établir à Amsterdam, en 1630; il avoit alors vingt-quatre ans.

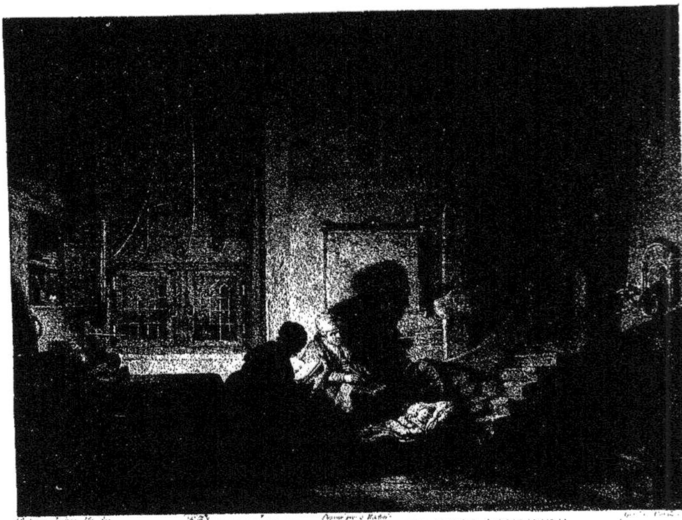

LA VEILLÉE HOLLANDOISE

De la Galerie de S. A. S. Monseigneur le Duc d'Orléans

A. P. D. R.

ÉCOLE HOLLANDOISE.

IIII.e TABLEAU DE REMBRANT VAN-RYN.

Peint sur Bois, ayant de hauteur 1 Pied 10 Pouces, sur 2 Pieds 4 Pouces de large.

Rembrant, dans ce Tableau, a déployé toutes les ressources de son intelligence dans la partie du Clair-Obscur. C'est une de ces Scènes domestiques dont la rustique simplicité disparoît, ou plutôt s'embellit par tout ce que la magie des couleurs peut produire de plus vrai et de plus harmonieux. Le Peintre a représenté l'intérieur d'une chambre basse, de structure Hollandaise. Une jeune femme fait à la lueur d'une Lampe une lecture à une vieille qui semble avoir quitté le travail de son Rouet pour l'écouter; un Enfant endormi dans son Berceau, est placé près d'elles. Dans un Escalier on apperçoit, dans l'obscurité, un homme qui tire de la Bière d'un Tonneau. Du côté opposé est une grande Table couverte d'un Tapis, sur laquelle sont différens ustensiles de ménage. Un beau foyer de lumière sur lequel se détache en demi-teinte, la femme qui lit, frappe sur la vieille et sur l'Enfant, et en se dégradant s'éparpille sur tous les objets environnans.

La naïveté de cette composition, l'illusion que son grand effet produit, prouvent combien Rembrant étoit fidèle observateur de la Nature, dont il avoit pour ainsi-dire, dérobé le secret par l'étude constante et combinée qu'il en avoit faite. De là cette facilité admirable que l'on remarque dans la formation de ses tons, et l'harmonie qui en résulte. Ses transitions des tons les plus graves aux plus suaves et aux plus brillans ravissent les connoisseurs; mais ici ses moyens étonnent: ils sont vrais. Rien ne languit sous le Pinceau de Rembrant: sa touche précise, fière et légère tout-à-la-fois imprime à chaque objet la vie, le mouvement et le caractère qui lui est propre: il saisit tout; et l'illusion est telle dans le Tableau dont il est ici question, que son harmonie exprime le mystère et le plus profond silence.

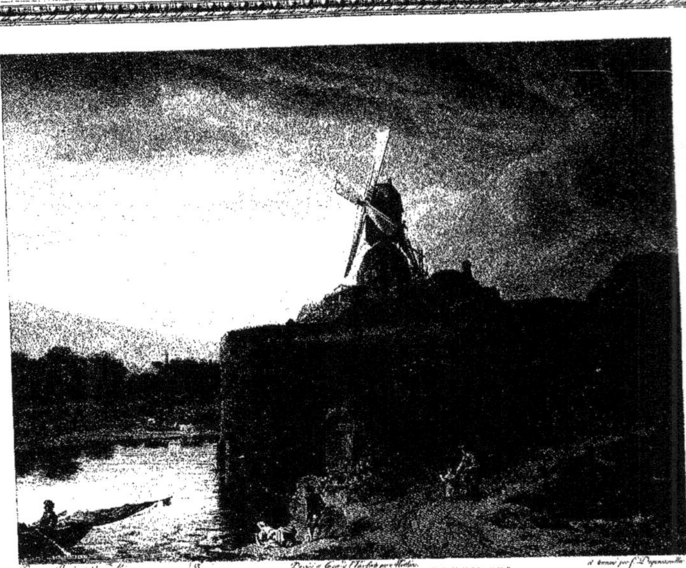

LE MOULIN

De la Galerie de S.e A.S. Monseigneur le Duc d'Orléans.

A.P.   D.R.

ÉCOLE HOLLANDOISE

V.e TABLEAU DE REMBRANT VAN-RIN.

Peint sur Toile, ayant de hauteur 2 Pieds 8 Pouces, sur 3 Pieds 2 Pouces de large.

Ce Tableau, comme tous ceux de ce Maître, est d'un effet vigoureux et piquant qui fait le principal intérêt d'un Site copié fidèlement d'après Nature. Cette composition simple ne doit à Rembrant d'autre richesse que celle de l'harmonie, et la magie d'effet qui féconde et varifie tout. Il possédait à un degré éminent cette portion de génie Pittoresque, si essentielle surtout, dans le genre du Paysage où la Nature dicte elle même l'Ordonnance de la Scène, en détermine les Plans, les Masses, et pose des bornes que le feu de l'enthousiasme ne peut franchir sans risquer de la défigurer. Rembrant savoit s'arrêter à propos; il sentoit qu'au-delà du beau vrai, toute illusion est vicieuse, et que le beau idéal quelque séduisant qu'il soit, n'est que le résultat d'un goût licencieux qui, en Peinture, mène d'erreur en erreur à une dépravation pernicieuse?

On voit que le Tableau ici représenté offre un effet pris au déclin du jour. Tout le Coteau escarpé sur lequel pyramide un Moulin à Vent, et quelques Masures qui l'environnent sont totalement dans le Clair-Obscur, parceque le Soleil est bas. La Rivière qui circule autour du Moulin, ne reçoit de lumière que par le refflet d'un Ciel chaud et vigoureux. Au-delà de la Rivière est une prairie bordé d'Et arbres, se détachant en demie-teinte sur un Coteau qui termine l'horizon, et dont le ton suave se confond avec celui du Ciel. Sur le premier plan au-dessous du Moulin, sont quelques figures, dont une est occupée à laver du Linge au bord de l'Eau. Quelques Arcades de pierre soutiennent une chaussée au bord de laquelle sont quelques Buissons. Toute la partie terrestre de ce Tableau fait un très beau contraste de Clair-Obscur avec un Ciel lumineux en grande partie

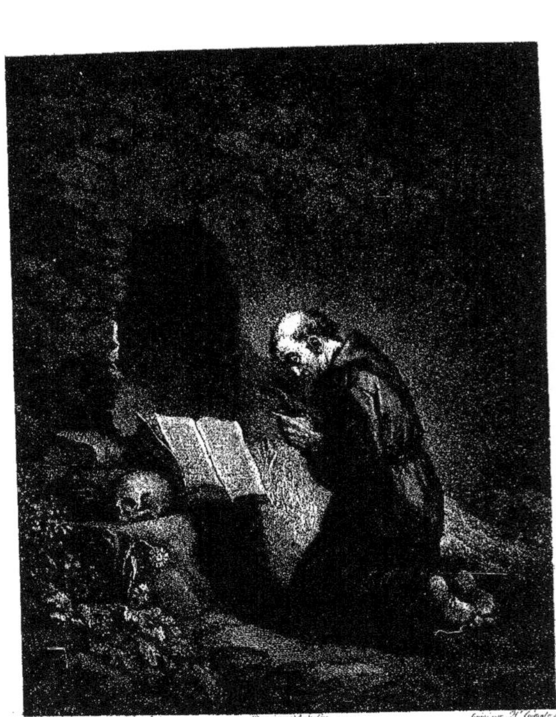

ÉCOLE HOLLANDOISE.

VI.ᵉ TABLEAU DE REMBRANT VAN-RYN.

Peint sur Bois, ayant de hauteur 1 Pied 10 Ponces, sur 1 Pied - Ponces de large.

Les sujets les plus stériles deviennent riches sous le Pinceau de Rembrant par la force de son coloris et la fierté de l'effet dont il savoit les rendre susceptibles. C'est ce que l'on admire ici dans ce Tableau où l'on voit S.ᵗ François en méditation. Il est à genoux devant un Crucifix qu'il tient.

Le ton mystérieux de toutes les parties du Tableau contribue à l'illusion du Silence qui semble régner dans cette solitude. Une touche large, et une savante répercussion de tons produisent l'effet le plus harmonieux et le plus piquant. C'est un des bons Tableaux de ce Maître, des plus finis et des mieux conservés.

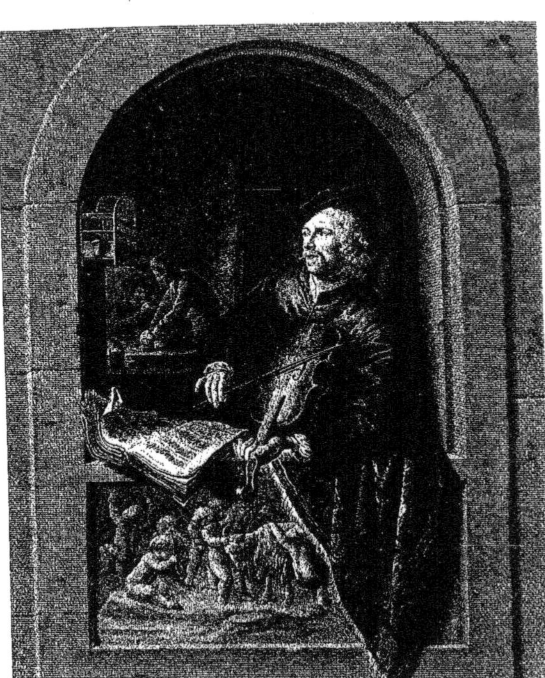

LE JOUEUR DE VIOLON.

De la Gâlerie du Palais d'Orléans

ÉCOLE HOLLANDOISE.

I.er TABLEAU DE GÉRARD DOUW.

Peint sur bois, hauteur 1 pied, largeur = pouces, il est ceintré par le haut.

Ce tableau depuis longtems connu dans la Gâlerie d'Orléans sous le titre du joueur de violon de Gérard Douw, représente un homme chantant et s'occupant avec cet instrument. Un livre de musique et un tapis sur l'appui de la fenêtre dérobent aux yeux une portion du bas-relief qui, ferme et décore la partion inférieure de la baie. Dans le fond on apperçoit un jeune élève occupé à regarder broyer de la couleur. Quelque ressemblance des traits du joueur de violon avec ceux de Gérard Douw ont fait depuis présumer que ce pouvoit être le portrait de ce peintre. Si l'on en croit cependant ceux qui en écrivant sa vie n'ont pas manqué de faire remarquer le soin qu'il prenoit à préparer lui-même ses couleurs, à faire ses pinceaux, à éviter la poussière par la crainte qu'elle n'altérat la pureté de ses teintes, il paroîtra peu vraisemblable que cet artiste ait cherché à transmettre ses traits sous un costume et avec des accessoires se rapportant à la conduite qu'il tenoit et dont il tiroit même vanité; ce je sais plus long à prouver que les autres peintres, donné à ceux qui lui reprochoient et ses recherches minutieuses et la lenteur de son travail, c'est que je travaille pour l'immortalité.

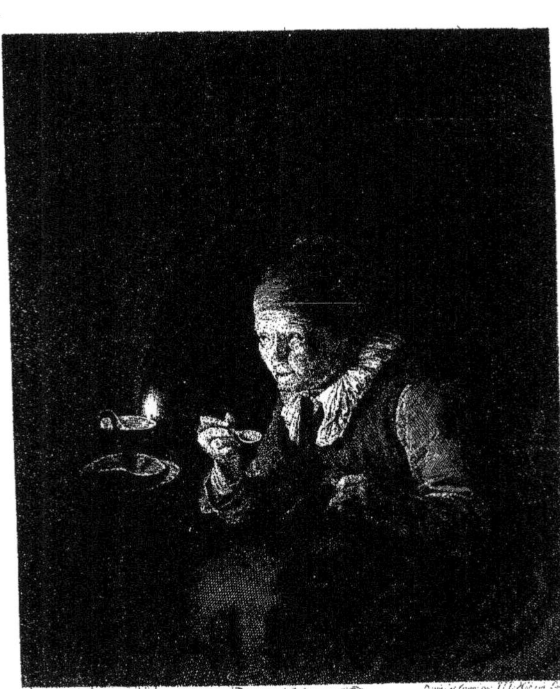

ÉCOLE HOLLANDOISE.

II.e TABLEAU DE GÉRARD DOUW.

Peint sur Bois ayant de hauteur 1 Pied 6ce 9 Pouces de largeur.

Le Tableau que cette Estampe représente, est très renommé: une vieille femme, qu'on dit être la Mère de Gérard Douw, en fait le sujet, on l'appelle la Vieille à la Lampe, parce que c'est une Lampe qui l'éclaire. Il n'est pas possible de trouver de travail plus fini et qui approche plus de la Nature. L'intelligence du Clair-obscur et de toutes les autres parties de la Peinture est portée au plus haut degré de perfection dans ce Tableau qui est d'ailleurs très-bien conservé.

Gérard Douw mettant beaucoup de temps à composer ses Tableaux, il en retirait le prix en comptant chaque heure à vingt sous, aussi les uns étaient payés six cents livres, d'autres huit cents et quelques uns jusqu'à mille. Cet Artiste acquit une fortune considérable.

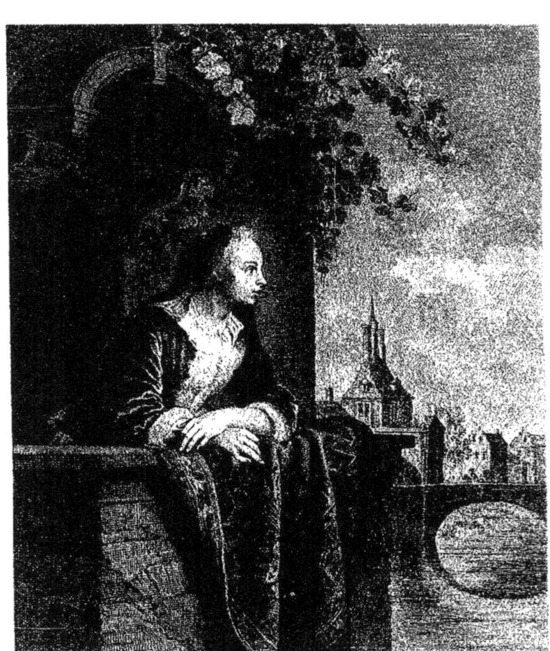

ÉCOLE HOLLANDOISE.

IIIe TABLEAU DE GERARD DOUW.

Peint sur Bois, ayant de hauteur 1 Pied 2 Pouces, sur 11 Pouces de Large.

Une femme Hollandoise, prend l'air appuyée sur le Perron d'entrée de sa Maison, appellé Stoeb en hollandois. Elle paroît fixer ce qui se passe de l'autre côté du Canal qui est devant elle.

Cette femme est blonde, et sa carnation qui est de la plus grande délicatesse, est rendue avec toute la fraicheur de la nature. Son Manteau de Velours vert fourré d'hermine, et le Tapis de Turquie sur le quel elle s'appuye, sont d'une vérité précieuse qui fait illusion, et qui désignent tous les Ouvrages de Gerard Douw. Ce Tableau est harmonieux, d'un bel effet, d'un Coloris chaud et vigoureux et d'une belle conservation.

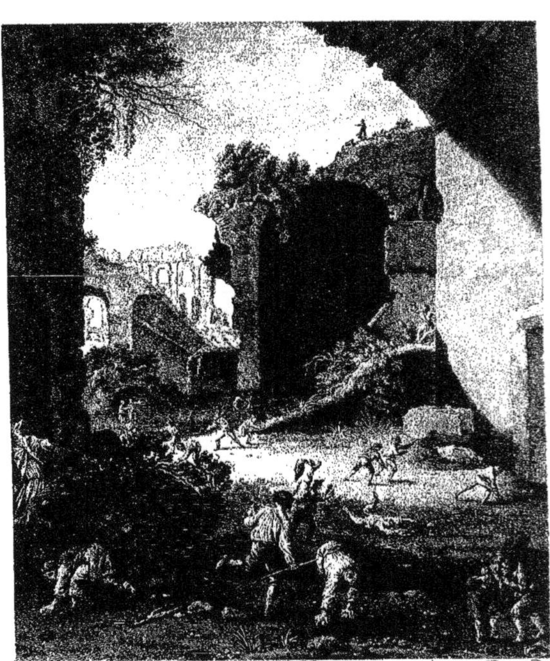

ÉCOLE HOLLANDOISE.

I.er TABLEAU DE PIERRE DE LAER,

DIT BAMBOCHE.

Peint sur Toile ayant de hauteur 1 Pied 11 Pouces, sur 1 Pied 6 Pouces de large.

Monseigneur le Duc d'Orléans possède deux Tableaux de ce Maître.

La vérité, le bon ton de couleur, et l'effet le plus piquant font le mérite de ce Tableau qui représente des Enfans se battant à coups de Pierre, au milieu de Ruines et de débris d'Architecture.

Pierre de Laer naquit à Laaren, proche la petite Ville de Naarden en Hollande, vers l'an 1613. On ignore ses Maîtres: il alla fort jeune à Rome, et c'est dans cette Ville et ses environs qu'il sut mettre à profit les dispositions qu'il avoit reçues de la Nature. Les Italiens le nommèrent Bamboche à cause de la difformité de son Corps. Son enjouement et des mœurs aimables lui attirèrent l'estime et l'amitié de tout le monde, particulièrement du Poussin, de Claude le Lorrain, et de Sandrart. Indépendant du beau génie qu'il avoit pour la Peinture, il étoit un des plus grands Musiciens de son tems. Il mourut à Harlem en 1673 ou 1675 âgé de 60 ans.

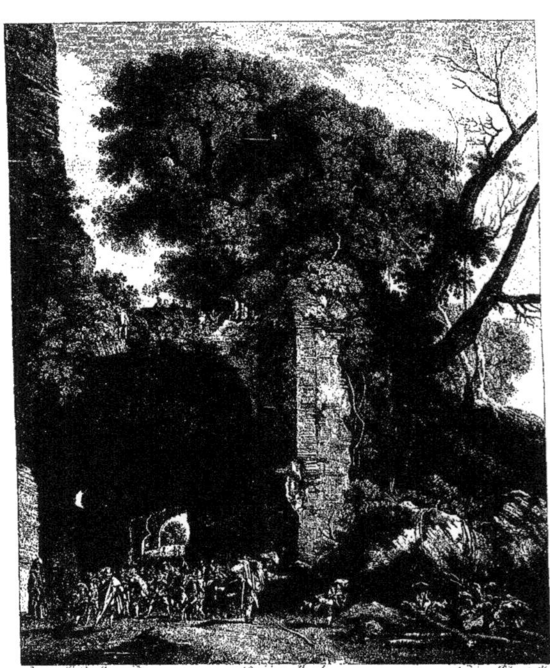

LES SBIRES.

De la Galerie de S.A.S. Monseigneur Le Duc d'Orléans.

A. P.   D. R.

ECOLE HOLLANDOISE.

IIᵉ TABLEAU DE PIERRE DE LAER, DIT BAMBOCHE.

Peint sur Toile, ayant de hauteur 1 Pied 11 Pouces, sur 1 Pied 6 Pouces de Large.

Ce Tableau qui fait pendant au précédent représente l'arrivée des Sbires qui mettent fin au Combat; les uns arrêtent les brigands et les fouettent; d'autres les poursuivent. Toutes ces figures sont d'un Dessin fin et correct. Le Paysage est fait d'une grande Manière; les Arbres ont de belles formes et paraissent commencer dans l'Été. Les devants du Tableau sont enrichis de Plantes, de Ronces, de Joncs et de Mousse, jettés avec un goût et une variété admirable.

Bamboche avait vu mourir deux de ses frères en Italie qui travaillaient dans sa manière, mais inférieurs en mérite. Pierre Raedant Laer, mourut à Paris, et le plus jeune qui l'avoit accompagné dans ses Voyages, périt malheureusement près de Rome, en passant sur un Pont de bois d'une Montagne à une autre. L'âne sur lequel il étoit monté, broncha et se précipita avec le jeune De Laer dans un Torrent rapide et très profond.

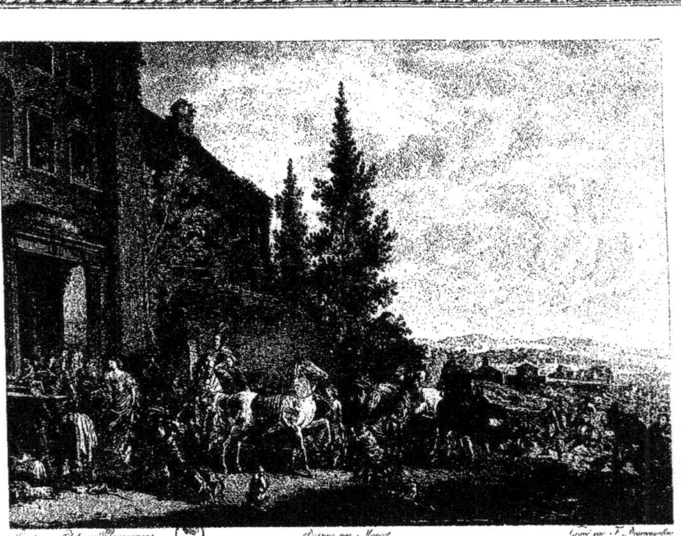

DÉPART POUR LA CHASSE.

De la Galerie du Palais d'Orléans.

ÉCOLE HOLLANDOISE.

I.er TABLEAU DE PHILIPPES WOUWERMENS.

Peint sur Bois, ayant de hauteur 1 Pied 6 Pouces, sur 2 Pieds de large.

On voit quatre Tableaux de ce Maître dans la Collection du Palais d'Orléans.

Harlem si fertile en Grands Peintres vit naître Philippe Wouwermens en 1620 son père Paul Wouwermens Peintre fort médiocre fut son premier Maître, mais Jean Wynants Peintre habile le reçut chez lui, et lui fit changer sa Méthode qui était mauvaise. Le jeune Élève employa bien son temps, et profitant des instructions de ce nouveau Maître, se vit bientôt en état d'étudier la Nature sans le secours de personne.

Wouwermens retiré chez lui, fit de mûres réflexions, et après avoir comparé long-temps les leçons de l'art, il apprit que les véritables sont celles de la Nature; il ne dessina plus que d'après elle, et il se fit en peu de temps cette belle manière que nous lui connoissons, et qui est aussi agréable qu'inimitable.

Wouwermens a beaucoup travaillé, et il est presqu'incroyable qu'un seul homme ait pu suffire à la multitude et au grand fini de ses Ouvrages; ses sujets les plus ordinaires sont des Chasses, des foires de Chevaux, des attaques de Cavalerie, &c. Aucun Peintre ne l'a surpassé dans l'art du Dessin en ce Genre; ses Chevaux, ses figures ont une grande correction; sa Couleur est excellente, il avait la magie d'adoucir sans ôter la force; il est gras et pâteux. Des touches fermes, quoi qu'avec finesse, l'ont rendu presqu'impossible à deviner; il règne dans ses Tableaux beaucoup d'harmonie et d'entente du Clair-obscur. Ses oppositions sont larges et la division de ses plans imperceptible; ses lointains et ses Ciels, ses Arbres et ses Plantes, tout est une imitation exacte de la Nature.

Wouwermens mourut à Harlem le 19 Mai 1668 âgé de 48 ans.

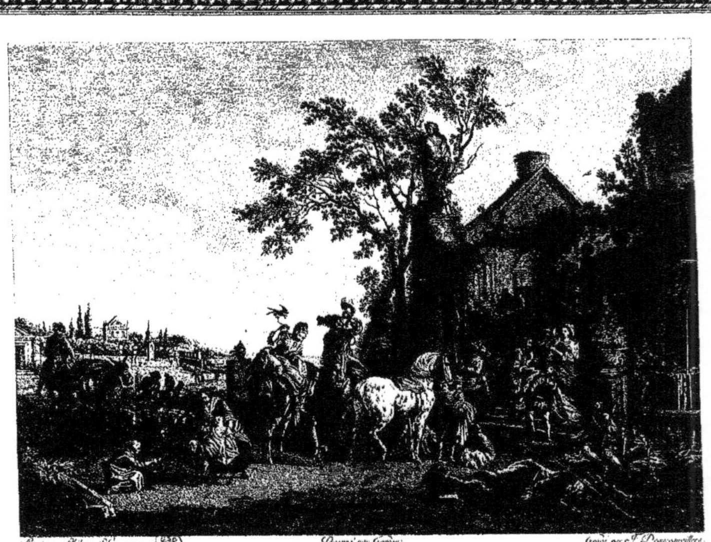

RETOUR DE CHASSE.
De la Galerie du Palais Royal.

A. P. D. R.

ÉCOLE HOLLANDOISE.

II.e TABLEAU DE PHILIPPES WOUWERMENS.

Peint sur Bois, ayant de hauteur 1 Pied 6 Pouces, sur 2 Pieds de large.

La Composition de ce Tableau est charmante et pleine de détails infiniment précieux; elle représente un Retour de Chasse. Les Figures, les Chevaux et autres Animaux sont du Dessein le plus fin et le plus spirituel, et le Paysage qui s'y trouve n'en fait pas un des moindres agrémens. L'on voit sur le devant un Cheval blanc tenu par un Page, tandis que le Maître monte les Degrés du Château et offre à une Dame une pièce de gibier. Une Femme qui est encore sur son Cheval tient un Faucon; un Cavalier près d'elle sonne le Cor. Plus loin des Piqueurs arrivent ramenant une Meute et un Mulet chargé. Sur le devant sont deux femmes qui jouent avec un Enfant porté par une Chèvre. L'Entrée du Château est très Pittoresque par des Treilles qui la décorent. D'un côté de la Porte est une fontaine dont l'Eau jaillit du sein d'une Statue, de l'autre côté est la Statue de Diane. Il y a du mouvement dans cette Composition et des Épisodes qui y répandent beaucoup d'intérêt.

L'on reconnoit à la Touche, au Coloris et à l'harmonie de ce Tableau qui est très bien conservé que Philippe Wouwermans est regardé à juste titre comme le Peintre le plus précieux dans ce genre et qu'il possédait à un degré éminent l'art du Clair-Obscur.

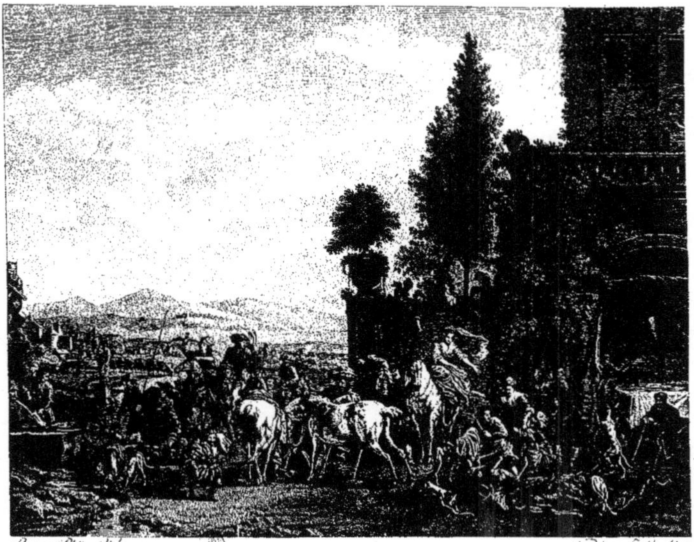

Peint par Philippes Wouwermens. Gravé par J. Couché.

LA CURÉE.

De la Galerie du Palais Égalité,

ÉCOLE HOLLANDOISE.

IIIE TABLEAU DE PHILIPPES WOUWERMENS.

Peint sur Bois, ayant de hauteur 1 Pieds, sur 1 Pied 6 Pouces de large.

Ce charmant Tableau est une de ces Compositions riches et ingénieuses, où l'Artiste a déployé tout son talent pour rendre la scène de chasse de son Pinceau; ce goût exquis avec lequel il saisit les beaux mouvemens et les effets de la Nature répandent sur les objets principaux toute la grâce dont ils sont susceptibles et rend intéressans les moindres accessoires. Les figures, les Animaux, le Paysage, tout y est d'une étude approfondie et d'une expression spirituelle et facile.

Le sujet se présente sous l'aspect le plus Pittoresque et le plus attachant, à la porte d'un Pavillon où l'on est occupé à préparer un repas pour un retour de Chasse; c'est le moment où les Chasseurs mettent pied à terre. Un Piqueur rappelle au son du Cor les Chiens à la Curée; une partie de la Meute qu'un Chasseur excite à saisir sa proie la dévore avec avidité, l'autre plus pressée de la soif accourt se désaltérer à une fontaine. Un Episode de Sentiment donne un intérêt particulier à cette fête: c'est une jeune femme qui de retour de la Chasse et descendant de son Cheval tend les bras à son Enfant qui s'élance vers elle conduit par sa Gouvernante. Le Chef de famille assis à la porte du Sallon, se récrée du mouvement et de la joie commune qui règne autour de lui; sur le devant d'une Terrasse sont plusieurs jeunes personnes attirées par l'arrivée de leurs Amis et par le spectacle de la Curée. C'est un des bons Tableaux de Wouwermens, et de la plus belle conservation.

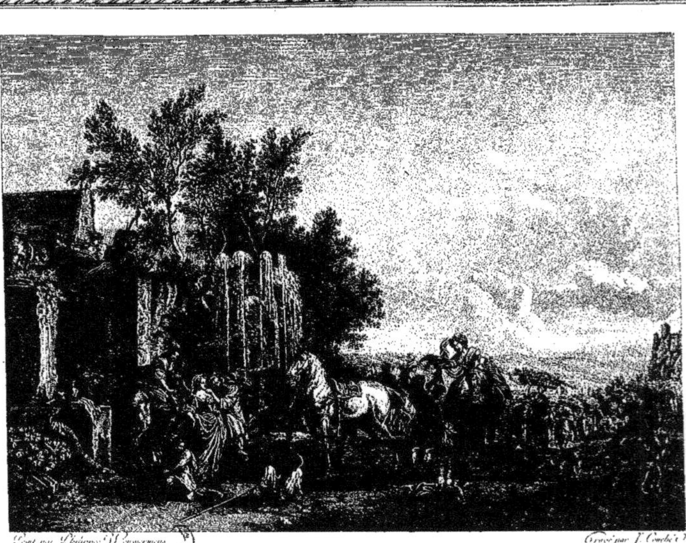

LA CHASSE AU VOL.

De la Galerie du Palais d'Orléans.

ÉCOLE HOLLANDOISE.

IV.me TABLEAU DE PHILIPPES WOUWERMENS.

Peint sur Bois, ayant de hauteur 1 Pied 6 Pouces, sur 2 Pieds de Largeur.

Les Tableaux de Wouwermens qui font aujourd'hui l'admiration des connoisseurs, n'eurent pas d'abord un grand succès parmi les Hollandois. Cet artiste ne put se défaire de ses Ouvrages qu'en les vendant à vil prix à des marchands, qui les portoient dans les pays étrangers. De Witte entre autres lui acheta au plus bas prix tout ce qu'il avoit de Tableaux. Bamboche qui jouissoit alors de la plus grande réputation, mais dont l'humeur difficile rebutoit les marchands, fit en faveur de Wouwermens ce qu'auroit dû faire son mérite : car s'étant abstiné à vendre un de ses Tableaux à de Witte le Prix de 200 Florins sans en vouloir rien rabattre ; de Witte piqué commande le même sujet à Wouwermens qui réussit au point, que ce dernier peu connu jusqu'alors fut recherché et ses ouvrages enlevés aussitôt que finis.

On assure cependant que Wouwermens n'est jamais sorti de la ville de Harlem, et qu'il fut toujours obligé de Peindre pour subsister, pendant que bien d'autres, avec moins de talents ont joui de leur gloire et des bienfaits de plusieurs Princes ; mais il n'est pas le seul qui ait éprouvé cette injustice ; on ne lui a connu qu'un fils qui se fit Chartreux ; et a eu plusieurs Élèves parmi lesquels on distingue les deux frères, Pierre et Jean.

Pierre Wouwermens peignoit dans le goût de son frère, mais il ne l'a jamais égalé ; il dessinoit bien les Chevaux et la figure, sa Couleur est bonne et vigoureuse, quelques uns de ses Tableaux peuvent se confondre aux yeux des médiocres connoisseurs, avec ceux de la première manière de Philippes. Jean le plus jeune des trois peignoit aussi le Paysage, sa Couleur et sa touche sont fort bonnes, il mourut jeune en 1666, deux ans avant son aîné.

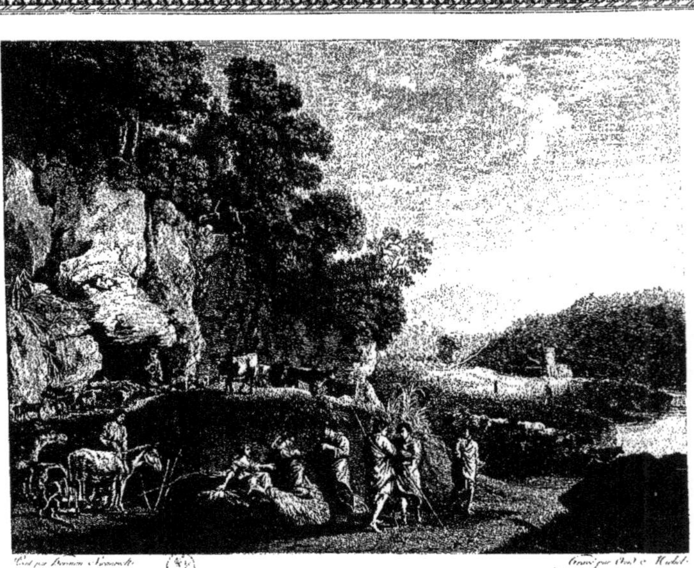

LES BERGERS.

De la Galerie du Palais d'Orléans.

ÉCOLE HOLLANDOISE.

1.er TABLEAU D'HERMAN SWANEVELT.

Peint sur Cuivre, ayant de hauteur 1 Pied 1 Pouce sur 1 Pied 3 Pouces de large.

On ne sait en quelle Ville Herman Swanevelt prit naissance vers l'an 1620, on ne sait pas plus quelle était sa famille. Les Hollandois qui ont écrit la vie des Peintres de leur pays, n'ont point parlé de cet artiste. Corneille de Bie, l'écrivain flamand fait un grand éloge de ce Peintre, mais il ne nous en apprend rien de particulier. On croit qu'il eut pour Maître Gérard Douw; ce qui est certain, c'est qu'il alla fort jeune à Rome; il y trouva beaucoup de jeunes gens de son pays qui étudioient avec lui la Peinture. Au lieu de les rechercher pour perdre son temps avec eux, il les évitoit, et ils ne purent le voir que le Crayon à la main, et dessinant des Vues ou des Ruines autour de Rome. Cette vie farouche et retirée lui fit donner le nom d'Hermite, et ses Talents, celui d'Herman d'Italie.

Swanevelt étoit frappé de la beauté des Ouvrages de Claude le Lorrain; il le choisit pour son modèle, et il devint son Élève. Les études et les réflexions qu'il avoit faites et qu'il faisoit continuellement d'après nature, aidé et souvent accompagné de son Maître, le mirent en grande réputation; il prit dans les Ouvrages de Claude le Lorrain cette fraîcheur et cette touche précieuse qui est dans la Nature et dans les Tableaux de ce grand Peintre. Herman a gravé à l'Eau-forte sans distinction. Il mourut à Rome, on ne sait en quelle année.

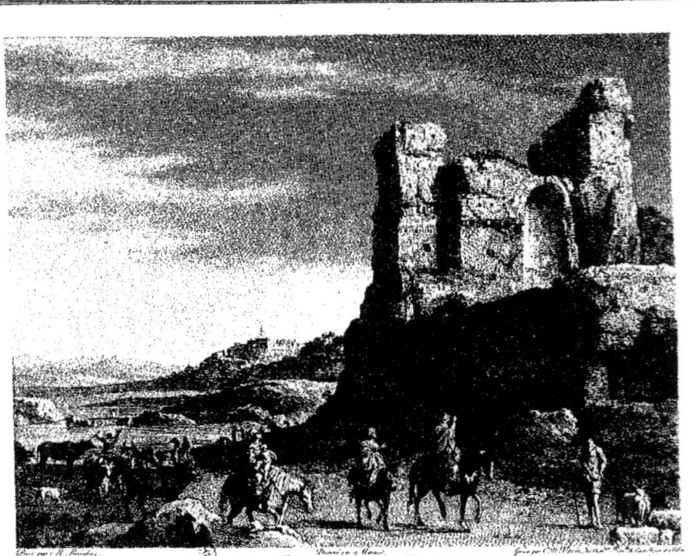

LES RUINES.

De la Galerie de S. A. S. Monseigneur le Duc d'Orléans.

A. P. D. R.

ÉCOLE HOLLANDOISE.

LE TABLEAU DE BARTHOLOMÉ BRÉENBERG.

Peint sur Cuivre, ayant de hauteur 10 Pouces, sur 1 Pied 2 Pouces de large.

Monseigneur le Duc d'Orléans, possède quatre Tableaux de ce Maître.

Ce Tableau est charmant par l'effet et le pittoresque de la composition. On y voit les vestiges d'un ancien Monument très élevé qui produit de belles masses de lumière et d'ombre. Des figures et des Animaux enrichissent les premiers plans, et le lointain est agréablement entrecoupé par des eaux et des Côteaux qui terminent l'horizon. La finesse de la touche et la transparence du coloris qui caractérisent les Ouvrages du meilleur tems de Bartholomé se trouvent ici réunies, et rendent ce Tableau précieux.

Bartholomé Bréenberg naquit à Utreck vers l'An 1620. Il alla en Italie, et le séjour qu'il y fit lui devint extrêmement utile par les Dessins qu'il traça des magnifiques Vues et des belles fabriques, qu'il transporta ensuite si heureusement dans ses Paysages. Comme il connoissoit son talent, il n'a pour l'ordinaire composé que de petits Tableaux. Il réussissoit également dans les Animaux et dans les figures, dont on ne peut assez admirer l'élégance et la délicatesse. On ne diroit jamais que certains de ses Ouvrages fussent sortis de la même main qui en a produit d'autres si charmans. Les premiers sont d'une manière noire et désagréable, par l'emploi de mauvaises couleurs; les autres sont d'une manière brillante et gracieuse.

Cet Artiste mourut en 1660, à l'âge d'environ 40 ans.

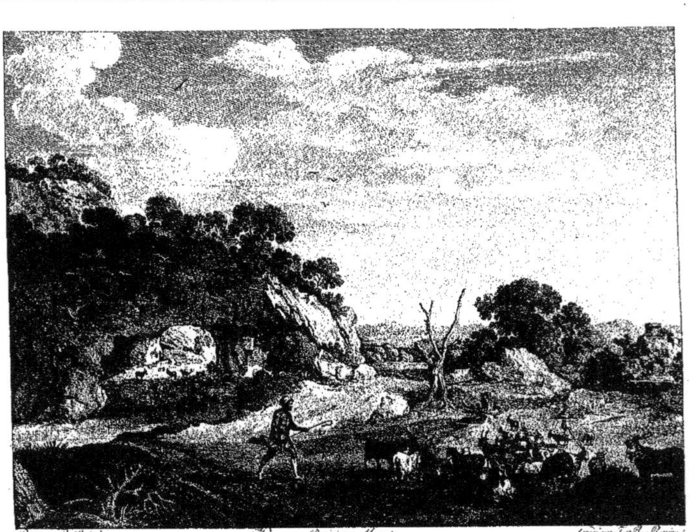

ÉCOLE HOLLANDOISE.

II.e TABLEAU DE BARTHOLOMÉ BREENBERG.

Peint sur Cuivre, ayant de hauteur 11 Pouces, sur 1 Pied 5 Pouces de large.

Ce Paysage est charmant, il présente en même tems le Site le plus Pittoresque et l'effet le plus séduisant ; quelle transparence de Couleur ! quelle légèreté et quelle finesse de Pinceau ! c'est sans contredit une des plus exqui- -ses productions de Bartholomé Breenberg.

Sur le devant on voit des Bergers qui gardent des Moutons et des Chèvres. Plus loin l'œil se repose agré- -ablement sous la voûte d'un Rocher percé où semble régner une fraîcheur délicieuse ; on y apperçoit quelques figures et des Animaux. Le sommet de ce Rocher est ombragé par des touffes d'Arbres qui forment un aspect des plus intéressant. Les Lointains offrent également des détails riches et agréablement variés. Le Ciel argentin et légèrement fait répand sur ce Paysage le ton de gaîté et de fraîcheur que l'on remarque dans la Nature dans un jour serein.

Ce Tableau est de la plus parfaite conservation.

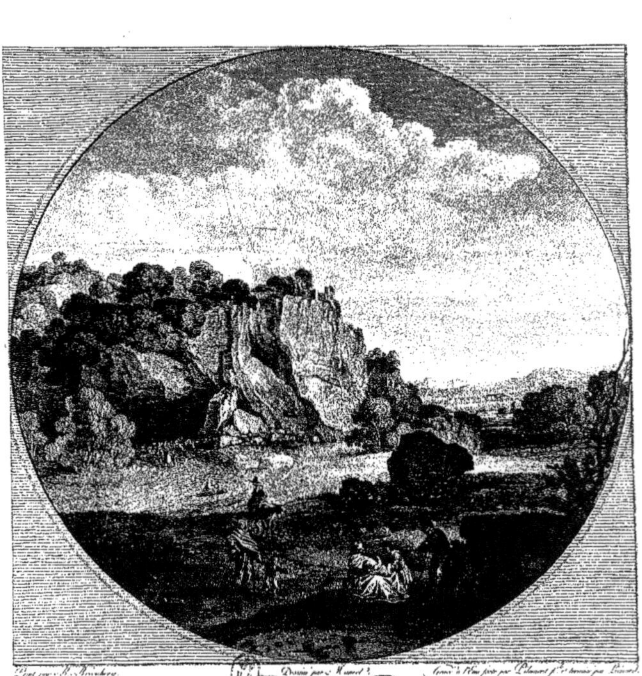

LES ROCHERS.

De la Galerie de S. A. S. Monseigneur le Duc d'Orléans.

ÉCOLE HOLLANDOISE.

III.e TABLEAU DE BARTHOLOMÉ BRÉENBERG.

Peint sur Cuivre, Rond de 8 Pouces de diamètre.

Ce Tableau, fait pour fixer l'attention des Amateurs, est d'un effet charmant et du fini le plus précieux. Le Site en est des plus intéressans. On voit une masse de Rochers couronnés d'Arbres, qui domine sur un Horison immense, et qui offre des plans très variés. Quelques groupes d'Arbres enrichissent les Plaines des environs; et l'œil se repose agréablement sur le devant où l'on voit des figures bien groupées et touchées avec Esprit. Un troupeau de Moutons s'achemine vers le Rocher qui offre un abri creusé par la Nature.

Le ton clair et transparent du Ciel et de toutes les parties qui reçoivent la Lumière, fait un beau contraste avec le premier Plan qui est d'un ton chaud et vigoureux. Ce Tableau est de la plus belle conservation, et tient un rang distingué parmi les Chef-d'œuvres de Bartolomé Bréenberg.

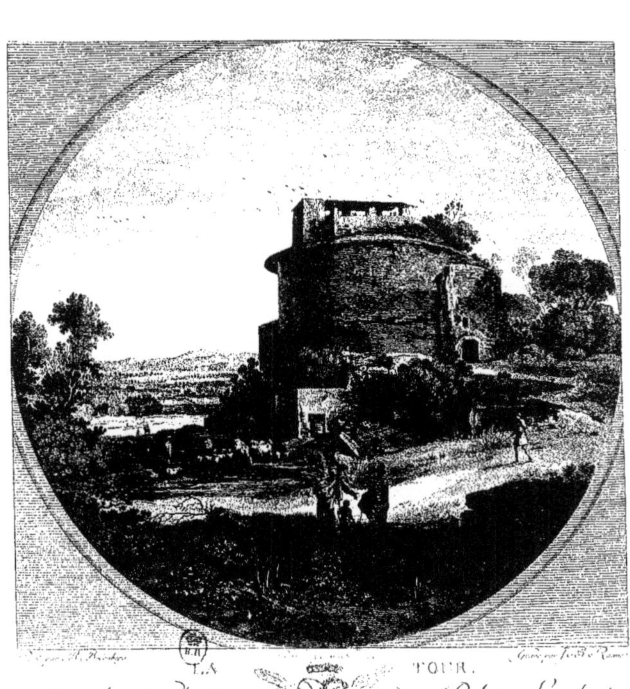

De la Galerie du Palais Égalité.

ÉCOLE HOLLANDOISE.

IVe. TABLEAU DE BARTHOLOMÉ BREENBERG.

Peint sur Cuivre, Rond de 8 Pouces de Diamètre.

On retrouve dans ce nouveau Tableau ce Caractère riche, aimable et naïf sous lequel la Nature semble se plaire à servir de Modèle à l'Artiste intelligent qui sait apprécier et saisir ses beautés.

Il représente une Tour antique formant une masse imposante au pied de laquelle sont groupés des pans de Murailles ruinées, et arrosé par un Pont ruiné. Des Animaux s'abreuvent à la Rivière. Un terrein lointain borne l'Horizon, sur le premier Plan sont quelques figures et des Cabanes.

Le Pinceau libre et fidèle de Bartolomé n'a sans doute jamais exercé avec plus de finesse et de goût: les figures, les Animaux, les fabriques et le Paysage sont touchés avec tout l'Esprit qui leur convient. Les Plans donnent de belles oppositions de Lumière et de Clair obscur, d'où résulte l'effet le plus piquant. Le Coloris est vrai et harmonieux et l'intelligence est admirable dans toutes les parties.

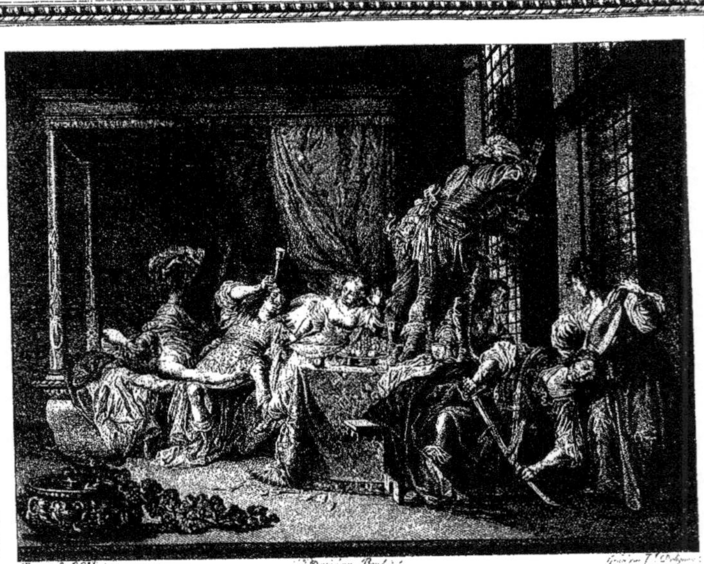

LA GAIETÉ BACHIQUE.

De la Galerie de S. A. S. Monseigneur le Duc d'Orléans.

ÉCOLE HOLLANDOISE.

TABLEAU DE JEAN-BAPTISTE WÉENIXX.

Peint sur Bois, ayant de hauteur 1 Pied 9 Pouces, sur 2 Pieds 3 Pouces de large.

Monseigneur le Duc d'Orléans ne possède qu'un Tableau de ce Maître.

Une touche ferme, une couleur vraie jointes au fini le plus précieux, font regarder ce Tableau comme un des beaux de ce Maître.

Jean Baptiste Wéenixx, né à Amsterdam en 1621, était fils de Jean Wéenix bon Architecte. Il perdit de bonne heure son père, et sa mère dominant pour le Dessin détermina sa mère à le mettre chez Abraham Bloemaert. Il s'y appliqua à l'étude de son Art et fit tant de progrès en dessinant d'après nature des Ruines, des vieux Châteaux et tout ce qui lui parut pittoresque, que son Maître jugea dès lors qu'il serait un grand Peintre. En quittant cette École, le jeune Wéenix passa encore deux étre dans celle de Nicolas Moyaert. Et il eue il épousa la fille de Gilles Houdekoeter Paysagiste. Quatre ans après le désir de voir Rome lui fit quitter sa femme et son fils; il s'embarqua et arriva dans cette Capitale; il se fit inscrire sur la Liste Académique et sur-nommé Le Bacchet, parce qu'il avait un air de voir gaieté. Les principaux de Rome recherchèrent ses ouvrages. Le Cardinal Pamphile l'attira chez lui, le nomma son Peintre et lui fit une pension indépendamment des sommes qu'il donnait pour payer ses Tableaux. Les Lettres de sa femme le déterminèrent enfin à retourner à Amsterdam après 4 Ans d'absence. Les Amateurs de cette grand Ville s'empressèrent d'obtenir de ses Tableaux. Wéenix se retira au Château de Ruins-Terwuen, près du Bourg d'Hours, à 2 Lieues d'Utrecht pour se livrer entièrement à l'étude de son Art. Il jouit peu de cette tranquillité, il y mourut trois Ans après en 1660, âgé de 39 Ans.

Ce Peintre est regardé comme le seul qui ait entendu tous les genres, l'Histoire, le Portrait, le Paysage, les animaux, les Marines, &c. Ses Tableaux sont dispersés dans les plus beaux Cabinets de l'Europe où ils tiennent un rang distingué.

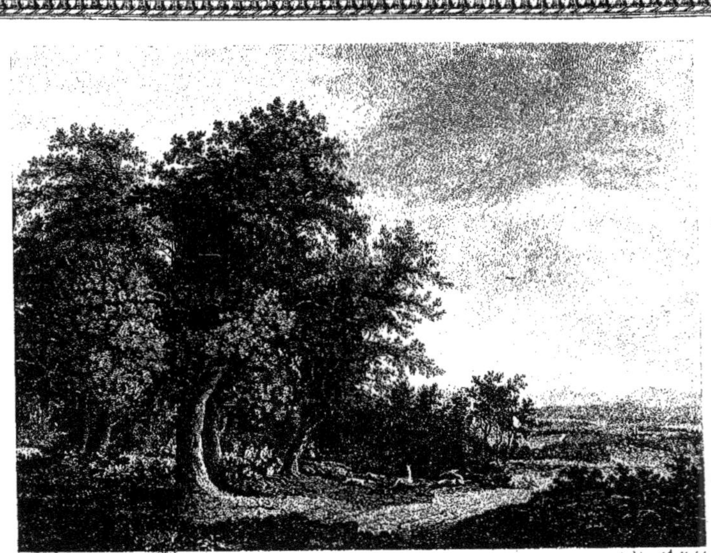

CHASSE AU CERF.

De la Galerie du Palais d'Orléans?

ÉCOLE HOLLANDOISE.

TABLEAU DE PAUL POTTER.

Peint sur Toile, ayant de hauteur 4 Pieds 8 Pouces, sur 3 Pieds 2 Pouces de large.

Paul Potter naquit en 1625 dans la ville d'Enkhuisen de Pierre Potter, Peintre médiocre qui fut s'établir à Amsterdam où il acquit le droit de Bourgeoisie le 14 octob. 1631 et où il est mort en 1692.

Le jeune Potter n'eut d'autre Maître que son père qu'il surpassa dès qu'il eut appris les premiers principes de son Art; ce fut un prodige dont il n'y a peut-être point d'exemple; il fut, dès l'âge de 15 ans, un Maître habile. Ses Ouvrages même de ce tems-là figurent au milieu de ceux des plus grands Peintres.

Ayant quitté son père, il fut demeurer à la Haye et prit un logement à côté de celui de l'Architecte Nicolas Balkenende avec lequel il se lia d'amitié et qui lui donna sa fille en 1650. Quelques chagrins le déterminèrent à répondre aux vives instances de Mr. Tulp, Bourguemestre d'Amsterdam.

Il quitta la Haye et fut demeurer en 1652 dans cette grande ville. Son application continuelle altéra sa santé. Il mourut d'une maladie de langueur en Janvier 1654.

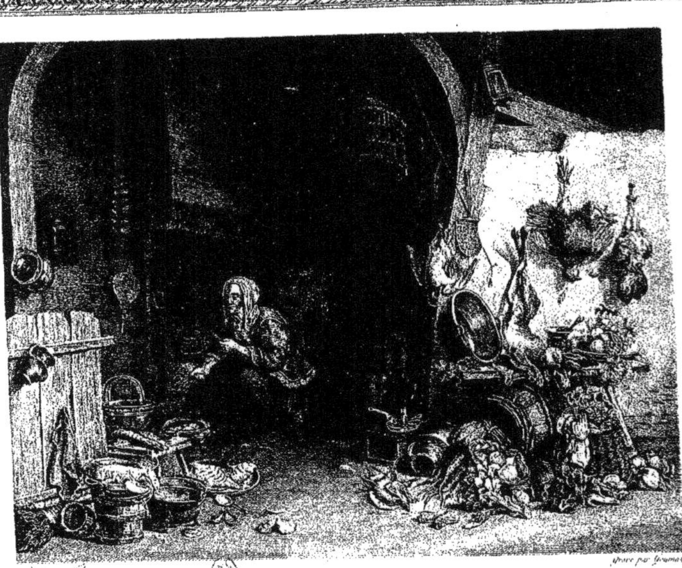

LA CUISINIÈRE.

De la Galerie du Palais d'Orléans.

ÉCOLE HOLLANDOISE.

TABLEAU DE TOL.

Peint sur bois, hauteur 1 pied 6 pouces, largeur 2 pieds 1 pouce.

Les ouvrages de cet artiste, quoiqu'assez rares, sont cependant mieux connus que sa personne. Il fut, à ce qu'on présume, élève de Gérard Douw dont il partagea le goût pour le choix des sujets, en s'écartant toutefois de son maître pour la manière de les traiter. Le faire de l'un est large et facile; celui de l'autre est précieux et poli jusques dans les moindres détails. Malgré ces différences, on a dû confondre assez fréquemment leurs productions. Convenons même que Van Tol qui a montré une si grande intelligence à rendre avec vérité tous les objets que la nature peut offrir, eût néanmoins vu sa réputation s'accroître, s'il eût joint à cette parfaite imitation un choix de sujets plus intéressans.

On ignore les particularités de sa vie et le lieu de sa naissance.

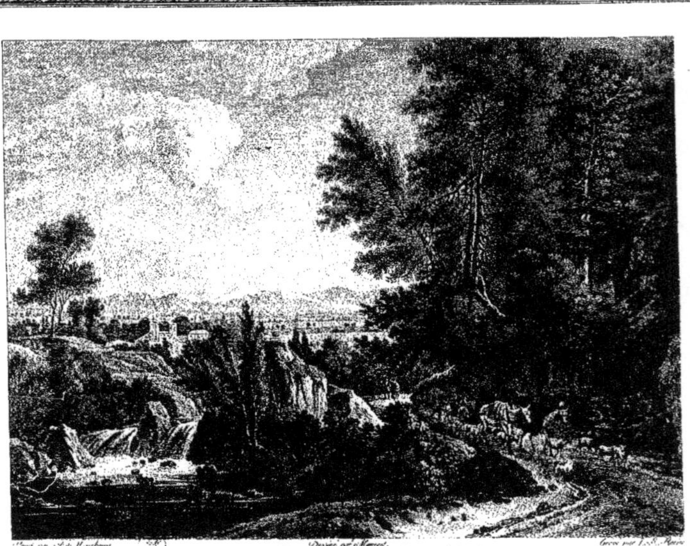

LA CHUTE D'EAU.

De la Galerie de S. A. S. Monseigneur le Duc d'Orléans.

A. P.   D. R.

ÉCOLE HOLLANDOISE.

TABLEAU DE FRÉDÉRIC DE MOUCHERON.

Peint sur Toile, ayant de hauteur 1 Pied 9 Pouces, sur 2 Pieds 9 Pouces de large.

Monseigneur le Duc d'Orléans ne possède que ce seul Tableau de ce Maître.

Frédéric de Moucheron a porté l'étude du Paysage au plus haut degré de finesse et d'exactitude. On remarque dans ce Tableau une touche facile et variée qui caractérise à merveilles la nature des Arbres et des Plantes; le Coloris en est ferme et vigoureux, et toutes les parties concourent à le rendre très harmonieux.

Cet excellent Paysagiste employait des mains plus habiles que les siennes pour enrichir ses Tableaux, de figures et d'Animaux; et celles que l'on voit ici sont incontestablement d'Adrien Van-Velde qui lui rendait ce service en Hollande. La touche en est fine, spirituelle et facile, et répand un double intérêt sur ce charmant Tableau. Dans les Paysages que Moucheron peignit à Paris, on y voit des figures de la main d'Helmbreker.

Moucheron né à Emden en 1633 marqua la plus vive inclination pour la Peinture; il ne trouva heureusement nul obstacle du côté de sa famille; il fut placé chez Asselin: cet habile Paysagiste pour abréger la route de l'instruction, lui parla raison et le traita dès-lors comme un bon Peintre déjà formé. Asselin entretenait ses élèves du goût de la nation française, du nombre d'habiles gens qu'elle produisait, et de l'agrément qu'il avait eu pendant le séjour qu'il avait fait à Paris. Moucheron se sentit la plus grande envie d'aller dans un pays dont son Maître lui avait fait de si grands éloges. Il partit pour Paris, où il se perfectionna dans son Art, en fréquentant les Artistes, en voyant les Tableaux, et sur-tout en étudiant la Nature. Le désir de revoir son pays l'emporta sur les agréments de la France et Amsterdam eut la préférence sur Paris. Il mourut dans la première de ces Villes en 1686, âgé de 53 ans.

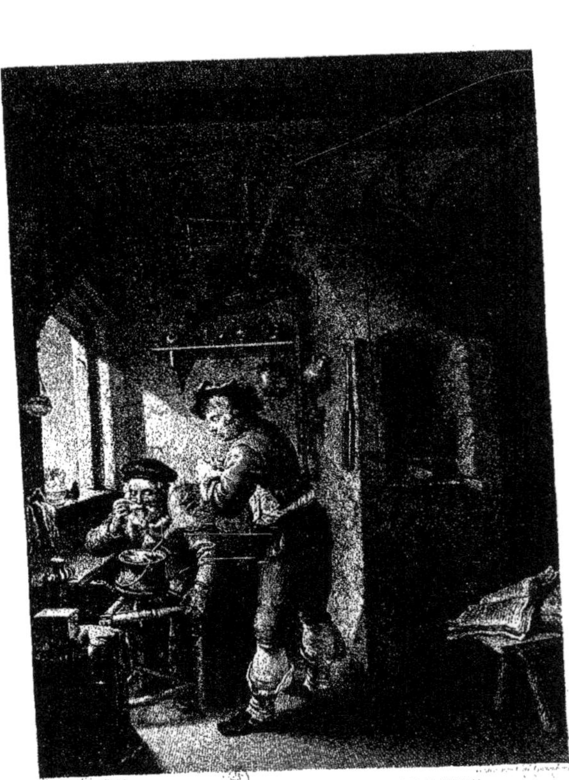

De la Galerie de S.A.S. Monseigneur le Duc d'Orléans.

A.P.   D.R.

ÉCOLE HOLLANDOISE.

1.er TABLEAU DE FRANÇOIS MIERIS.

Peint sur Bois, ayant de hauteur 1 Pied 6 Pouces, sur 1 Pied 1 Pouce de largr.

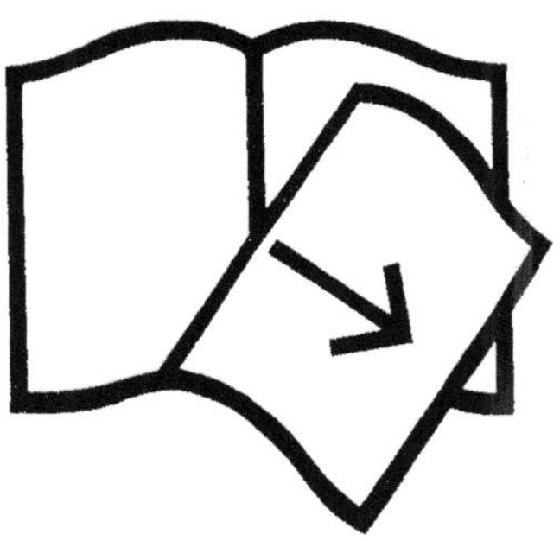

Documents manquants (pages, cahiers...)
NF Z 43-120 13

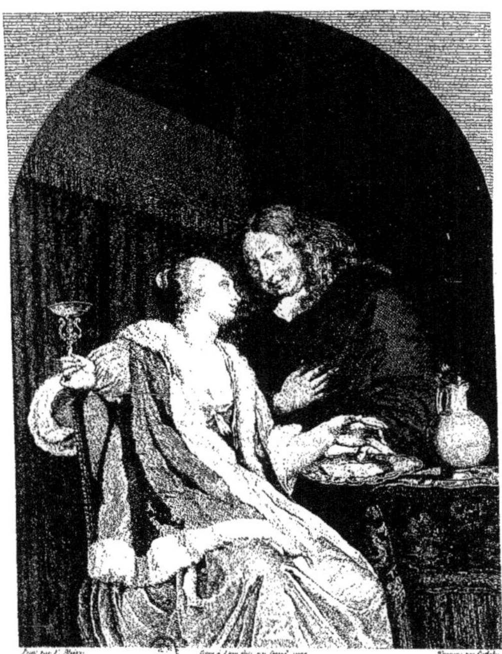

UNE JEUNE FEMME QUI MANGE DES HUITRES.

De la Galerie du Palais d'Orléans.

ÉCOLE HOLLANDAISE

III.ᵐᵉ TABLEAU DE FRANÇOIS MIÉRIS.

Peint sur bois, hauteur 10 pouces et ½ largeur 7 pouces et ⅓

Cette jeune femme reçoit avec complaisance les huîtres qu'un homme galant lui présente, la gaieté qu'elle exprime annonce qu'elle les propos qui lui sont adressés. Assise entre la table et le lit, elle tient à la main une coupe de cristal dont la transparence décèle la liqueur qu'elle contient. L'on a trouvé de la ressemblance dans les traits de ce courtisan joyeux et ceux du portrait de Miéris. Elle n'est pas bien frappante, mais elle fait présumer que l'artiste a pu se servir de modèle à lui-même.

Plusieurs Miéris se sont fait un nom dans la peinture, après François qui est le plus estimé l'on cite Guillaume son fils. M.ʳ le Brun prétend que c'est à ce dernier qu'il faut attribuer le Tableau des Marchandes dont l'estampe est placée dans cette Collection sous le N° précédent; il affirme que Miéris le vieux n'a jamais point de figures nues.

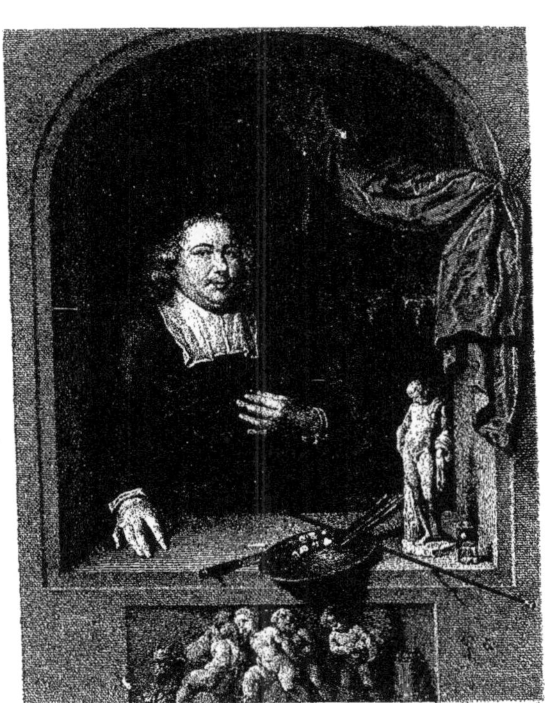

PORTRAIT DE Mr. GASPARD NETSCHER.

De la Galerie de S. A. S. Monseigneur le Duc d'Orléans

A. P.   D. R.

ÉCOLE HOLLANDOISE.

1er. TABLEAU DE GASPARD NETSCHER.

Peint sur Bois, ayant de hauteur 1 Pied 4 Pouces, sur 1 Pied de large.

(Monseigneur Le Duc d'Orléans possède six Tableaux de ce Maître.)

Ce Tableau où l'Auteur s'est représenté lui-même avec les accessoires qui caractérisent son Art, est d'une beauté parfaite.
La couleur en est harmonieuse, l'effet piquant et vigoureux, et le dessin correct; tout en est étudié précieusement et sans sécheresse; et
l'on peut regarder ce Portrait comme un des plus beaux qui soient sortis des mains de Gaspard Netscher.

Ce Maître naquit à Prague, capitale de la Bohême, en 1636, et mourut à la Haye en 1684, âgé de 48 ans.

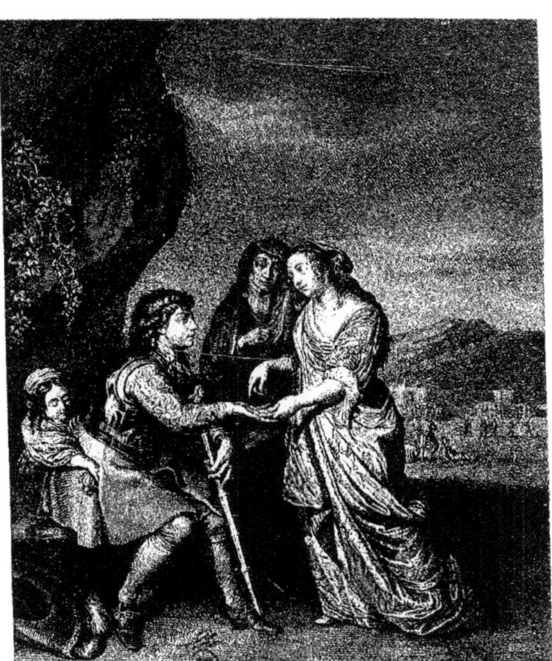

ÉCOLE HOLLANDOISE.

TABLEAU DE GASPARD NETSCHER.

Peint sur Toile, ayant de hauteur 1 Pied 10 Pouces, sur 1 Pied 6 Pouces de large.

Ce sujet est composé de quatre figures, parmi lesquelles on distingue d'abord deux Bohémiennes, dont l'une richement vêtue, regarde dans la main d'un jeune Officier, et lui prédit qu'il est menacé de faire une perte. Dans l'instant où il fixe cette femme, un enfant lui dérobe par derrière sa bourse. On voit dans le lointain quelques Bataillons de Soldats; et l'horizon est terminé par des Montagnes.

Le Tableau offre un effet vigoureux, une touche moëlleuse, une grande vérité des draperies et des chairs. On y reconnoit partout la supériorité de Netscher dans l'imitation scrupuleuse de la Nature.

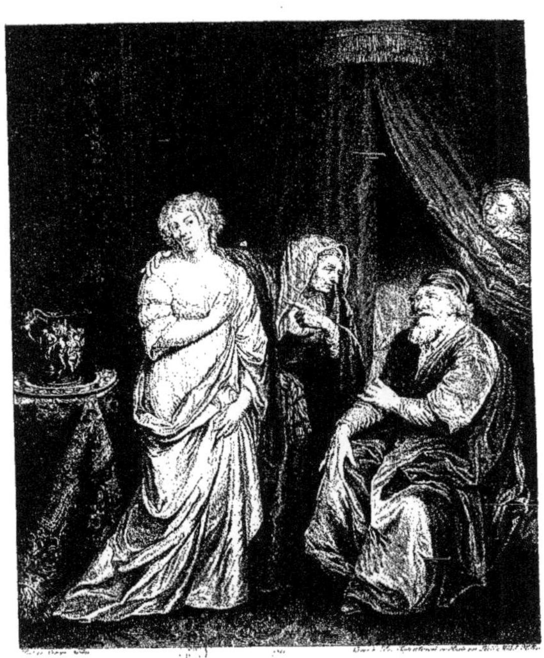

De la Galerie du Palais d'Orléans.

ÉCOLE HOLLANDOISE.

III.ᵉ TABLEAU DE GASPARD NETSCHER.

Peint sur Toile, ayant de hauteur 1 Pied 10 Pouces, sur 1 Pied 6 Pouces de large.

Ce Tableau est venu dans le Catalogue de ceux de la Galerie du Palais d'Orléans, sous le titre d'Un qui présenté à Abraham. La richesse de l'habillement de la jeune femme et le jeune homme qui est derrière le Vieillard, indiqueroient cependant un autre sujet. Quoi qu'il en soit la correction du Dessin, la finesse de l'expression, la beauté et la vérité des draperies font regarder ce Tableau comme un des plus beaux qui soit sorti des mains de Gaspard Netscher.

Quoique ce Peintre peignit ordinairement en petit, il a fait quelques Portraits en grand, qui ne sont pas sans mérites, mais ils sont inférieurs à ceux d'une moindre grandeur.

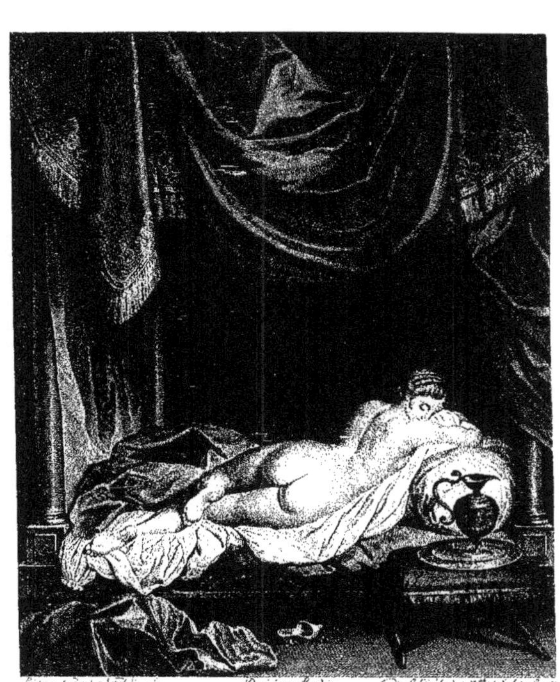

ÉCOLE HOLLANDOISE.

IV.e TABLEAU DE GASPARD NETSCHER.

Peint sur Toile, ayant de hauteur 2 Pieds 2 Pouces 6 Lignes, sur 1 Pied 9 Pouces de large.

Ce charmant Tableau fixe l'attention des Connoisseurs par l'excellence de l'exécution et par cette belle simplicité où la Nature seule semble avoir fait tous les frais de la Composition. On admire ici avec quelle intelligence l'Artiste a sçû rehausser les grâces de son sujet par un fini précieux et un beau ton de Couleur. La Touche spirituelle et facile rend intéressans jusques aux moindres accessoires de ce Tableau dont l'effet est harmonieux et piquant.

La figure qui est d'un Dessin élégant et assez pur, fait voir que Netscher n'étoit pas seulement borné au genre de Portrait, où l'on sçait qu'il excelloit et principalement dans les figures drappées.

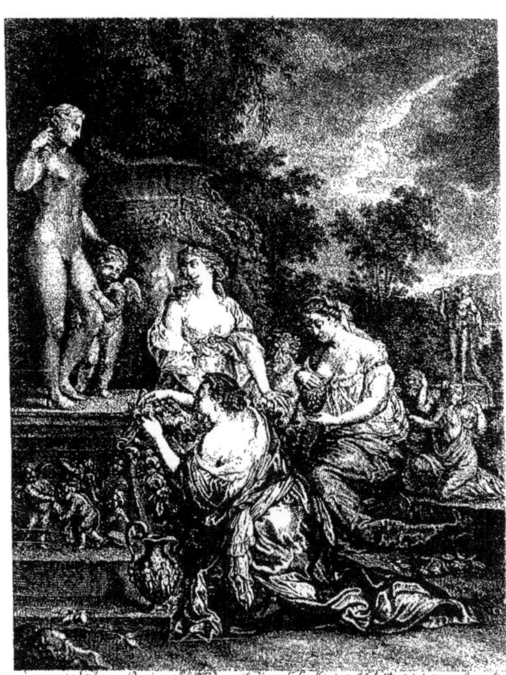

ÉCOLE HOLLANDOISE.

V.ᵉ TABLEAU DE GASPARD NETSCHER.

Peint sur Toile, ayant de hauteur 1 Pied 6 Pouces, sur 1 Pied 1 Pouces de Large.

Ce Tableau sur lequel Netscher a voulu donner l'essor à son génie, est des plus agréables, l'Ordonnance en est riche, et l'effet est d'une fraîcheur de ton admirable. On y reconnoît dans toutes les parties, l'étude la plus scrupuleuse, et ce fini doux, suave et moelleux qui distingue le Pinceau de ce Maître.

Le Sujet est une Offrande à Vénus. La Statuë de cette Déesse et celle de l'Amour sont debout, posées sur un Piedestal que deux femmes servent de guirlandes. Une troisième tient un Vase de Metal quelle vient offrir. On voit aussi dans l'éloignement deux Satyres, dont un surprend une jeune Nymphe qui paroit le repousser. Le fond est un Paysage.

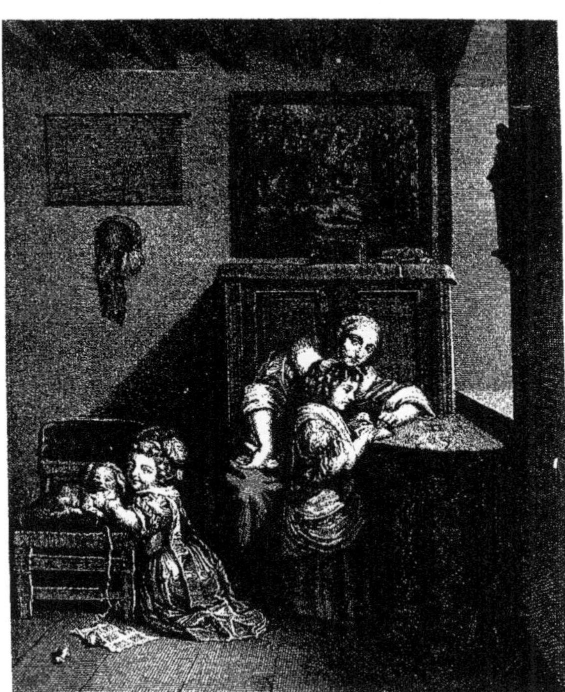

LA MAÎTRESSE D'ÉCOLE.

De la Galerie du Palais d'Orléans

ÉCOLE HOLLANDOISE.

VI.ᵉ TABLEAU DE GASPARD NETSCHER.

Peint sur Bois, ayant de hauteur 1 Pied 4 Pouces, sur 1 Pied 1 Pouce de large.

Les Ouvrages de Gaspard Netscher sont extrèmement recherchés, on y admire le fini le plus précieux, l'harmonie et la suavité du Coloris; une grande Vérité dans l'imitation des Etoffes et des Tapis de Tables; un Dessin spirituel et la délicatesse du Pinceau. Tel est le mérite reconnu du Tableau représenté ici, où l'on voit une jeune femme qui montre à lire à sa petite fille. L'Enfant paraît embarrassé de nommer ses lettres; la Mère détourne sa voix de dessus le Livre, et attend, avec une douce complaisance, que la petite ait prononcé. Un autre Enfant accroupi près d'une Chaise caresse un petit Chien; Il y a beaucoup de graces et d'expressions dans les trois Têtes qui paraissent être des Portraits. Les Vêtemens des figures et tous les accessoires de ce charmant Sujet sont rendus avec toute l'intelligence et la finesse qui distinguent les meilleures productions de ce Maître.

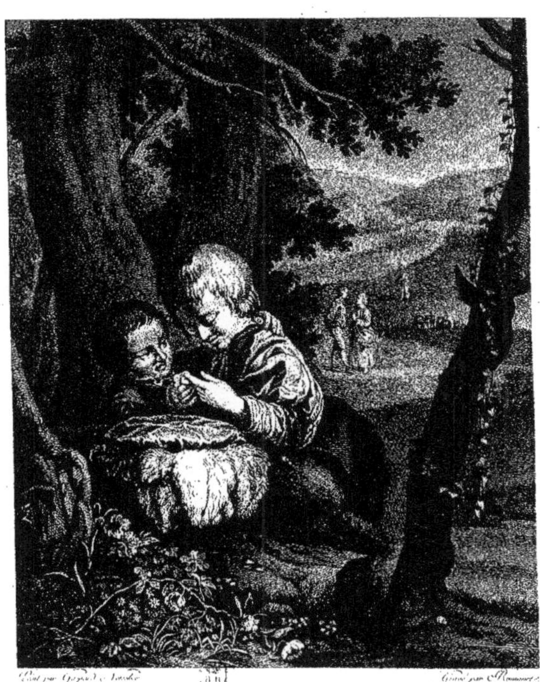

L'OISEAU.

De la Galerie du Palais d'Orléans.

ÉCOLE HOLLANDOISE.

VIIᵐᵉ TABLEAU DE GASPARD NETSCHER.

Peint fur Bois, ayant de hauteur 9 Pouces 6 Lignes, fur Pouces de large.

Netscher dit G. Descamps peignoit dans le Genre de Kester son Maître et de Mierice.
Il a fort bien traité quelques Sujets de l'histoire Romaine et de la Fable; c'étoit le Genre qu'il aimoit le
mieux; et ne s'attacha à celui du Portrait que pour gagner plus de biens: encore la plupart sont historiés ou
enrichis de quelques figures Épisodiques, qui aident à faire d'un Sujet froid, une Composition agréable et riche.
Il avoit un meilleur goût de Dessin que son Maître, et plus de Génie; sa Touche est moelleuse et fondue, sa
Couleur naturelle et dorée; il a surpassé les Peintres de son Pays dans l'imitation des Étoffes, et sur-tout du
Satin blanc; il en a si bien rendu le luisant et les tons argentins, qu'on croit le toucher, et qu'on est
surpris de l'illusion.

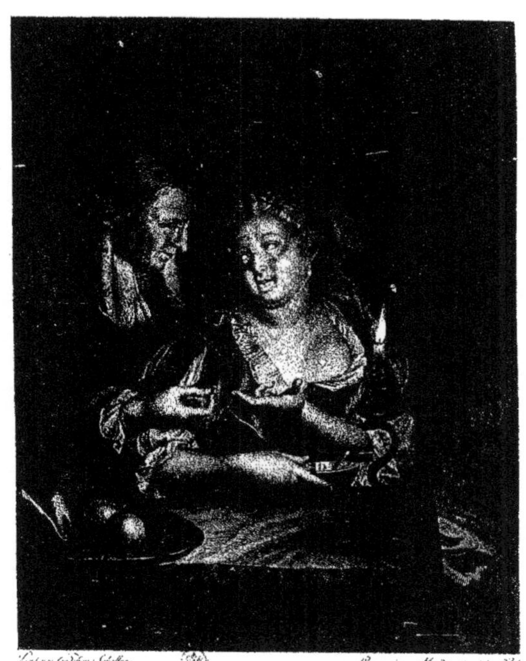

De la Galerie du Palais d'Orléans.

ÉCOLE HOLLANDOISE.

1.ER TABLEAU DE GODEFROY SCHALKEN.

Peint sur Bois, ayant de hauteur 15 Pouces, sur 11 Pouces de large.

Deux Tableaux de ce Maître font partie de cette Collection.

Godefroy Schalken naquit à Dort en 1643, son père y étoit Recteur du Collège, et enseigna à son fils la Langue latine. Le jeune Schalken étoit déjà bien avancé dans cette étude, lors qu'il quitta les Lettres pour la Peinture dans laquelle il fit des progrès rapides en suivant les leçons de Gérard Douw, et en imitant les Ouvrages de Rembrant.

Le premier mérite des Ouvrages de Schalken consiste dans le beau fini et dans une exactitude singulière à imiter la Nature jusque dans ses plus petits détails. Sa Couleur est dorée et assez vraie. Il regardoit les effets de la lumière et des Ombres comme l'Objet principal de Peintre, la plûpart de ses Tableaux représente la nuit.

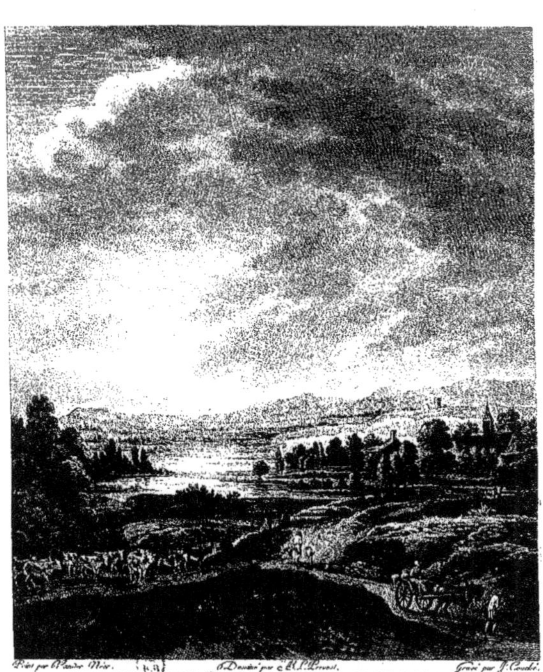

RETOUR DES BESTIAUX.

De la Galerie de S. E. A. S. Monseigneur Le Duc d'Orléans.

A. P.   D. R.

ÉCOLE HOLLANDOISE.

TABLEAU DE VANDER NÉER.

Peint fur Toile, ayant de hauteur 23 Pouces 4 Lignes, fur 22 Pouces 6 Lignes de large.

On ne voit qu'un Tableau de ce Maître au Palais Royal.

L'Effet de ce Tableau indique le Soleil Couchant; il représente une riche étendue de Pays arrosé par une Rivière. L'on voit des Bestiaux qui reviennent au Village sur le chemin qui est en avant; on voit une femme assise dans une Charette, et un homme qui la conduit. Tous ces objets sont d'une grande finesse de Dessin et d'un ton de Couleur harmonieux.

Vander Néer naquit à Amsterdam en 1643. Il voyagea en France et en Allemagne où il laissa des Ouvrages qui lui acquirent la plus haute réputation. On a de lui des Tableaux dans tous les genres; des Sujets d'Histoire et des Portraits; l'on remarque dans tous une étude scrupuleuse de la Nature jusques dans les moindres accessoires. Il a traité aussi des scènes de famille hollandoises qui approchent si fort de la manière de Terburg que l'on pourroit y être trompé. Ce Peintre fut le Maître du Chevalier Vanderwerf. Il mourut à Dusseldorp en 1703.

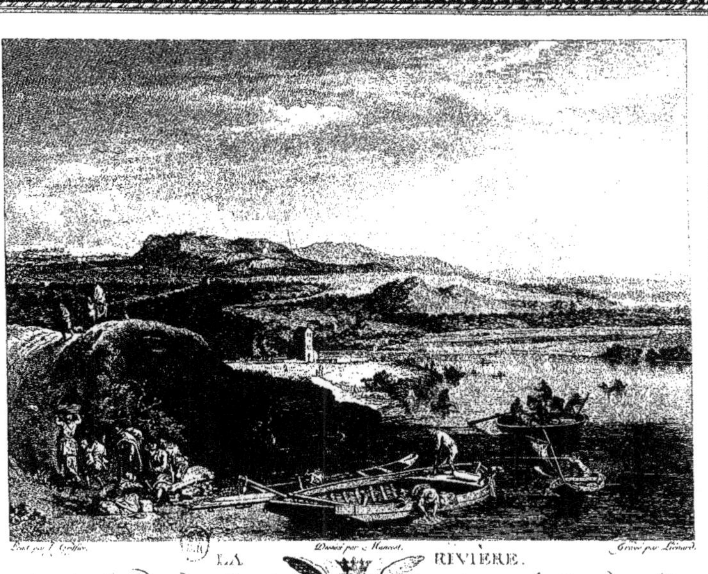

LA RIVIÈRE.

De la Galerie de S. A. S. Monseigneur le Duc d'Orléans.

A.P.   B.R.

ÉCOLE HOLLANDOISE.

1.er TABLEAU DE JEAN GRIFFIER.

Peint sur Bois, ayant de hauteur 5 Pouces 6 Lignes, sur 6 Pouces 6 Lignes de large.

Monseigneur le Duc d'Orléans, possède deux Tableaux de ce Maître.

La Vue d'une Rivière dont les bords montagneux et couverts de Bois se perdent dans l'éloignement, offre un aspect des plus Pittoresques. Des Bateaux, chargés de petites figures touchées avec beaucoup d'esprit et de légèreté, mettent du mouvement et de la richesse dans ce charmant Tableau qui peut être regardé comme un des plus beaux de ce Maître.

Jean Griffier naquit à Amsterdam en 1656. Il fut d'abord destiné à l'état de Charpentier; mais le hazard l'ayant introduit dans un attelier où l'on peignoit de la fayance, il y prit goût et y travailla à l'insçu de ses parents. Dédaignant bientôt un genre si borné, il entra chez Roeland Roesman, Paysagiste très estimé, où il fit des progrès rapides. La vue des Ouvrages de Linnelbach et Vanden Velde perfectionna son goût et lui fit céder le Coloris triste et rousâtre de son Maître qu'il surpassa dans cette partie.

Son goût pour les Voyages lui fit quitter son Pays. Il passa à Londres où ses Tableaux étoient déjà connus et estimés, il s'y maria; mais par une suite de son Caractère un peu bisarre il se détermina à acheter un petit Vaisseau qu'il fit distribuer pour loger sa famille, se reservant un attelier pour peindre. De cette manière il se stationoit tantôt dans un endroit, tantôt dans un autre, peignant ou dessinant ce qu'à Amsterdam, Enkhuisen, Hoorn, Dort et leurs environs lui offroient de plus interressant.

Et près avoir parcouru les Ports et les vues de la Hollande pendant plusieurs années il retourna à Londres où il mourut.

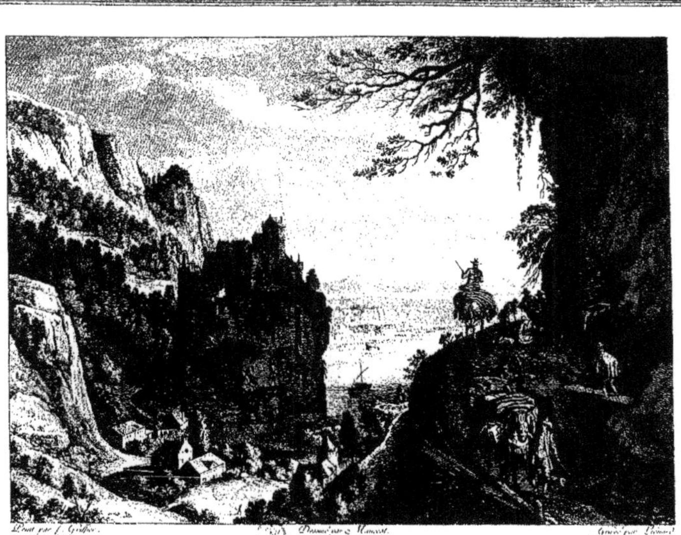

LES DEUX MONTAGNES.

De la Galerie de S. A. S. Monseigneur le Duc d'Orléans.

A.P. D.R.

ÉCOLE HOLLANDOISE.

II.ME TABLEAU DE JEAN GREFFIER.

Peint sur Bois, ayant de hauteur 5 Pouces 6 Lignes, sur 6 Pouces 6 Lignes de large.

Le site de ce Tableau comme presque de tous ceux de ce Maître, est des plus Pittoresques. Le premier plan offre un Chemin taillé dans la Montagne d'où l'on aperçoit une grande étendue de Pays. Plusieurs Voyageurs se reposent après l'avoir montée; d'autres en descendent avec leurs Mulets chargés de bagages. Le Chemin se continue sur l'autre Montagne qui fait le fond du Tableau, et qui est séparée de la première par une plaine enrichie de Maisons, d'Arbres et de petites figures. Une Rivière qui se perd derrière les deux Montagnes achève de donner à cette Composition le plus grand intérêt.

Une grande légèreté de Pinceau, une Couleur excellente, et une grande intelligence de la Perspective aérienne rendent ce Tableau précieux, et lui donnent un rang distingué dans la magnifique Collection dont il fait partie.

Jean Greffier eut pour fils Robert Greffier qui naquit en Angleterre en 1688, et qui devint aussi habile que lui en sa manière, laquelle était à peu près celle de Herman Sachtleven; ce sont des vues du Rhin avec de jolies figures. Ses Tableaux sont répandus dans toute l'Europe et très recherchés. Il passa à Amsterdam où il fut fort employé.

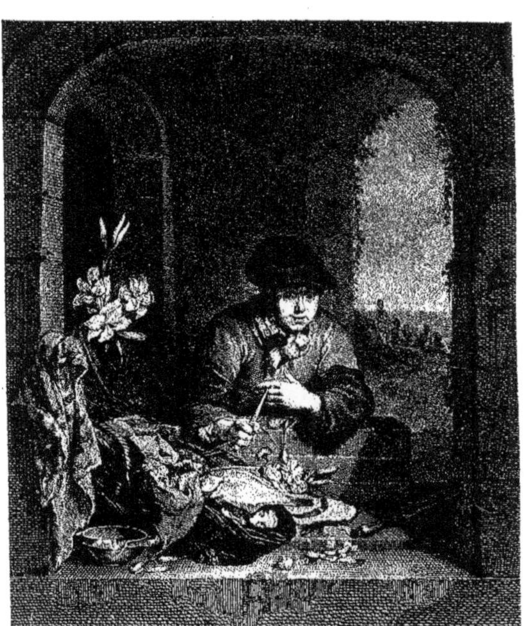

De la Galerie de S. A. S. Monseigneur le Duc d'Orléans.

ÉCOLE HOLLANDOISE.

LE TABLEAU D'ADRIEN VENDER WERF.

Peint sur Bois, ayant de hauteur 9 Pouces 6 Lignes, sur 7 Pouces de large.

Monseigneur le Duc d'Orléans possède trois Tableaux de ce Maître.

Ce Tableau offre un ensemble harmonieux et une variété d'objets intéressants par la vérité et le prix précieux avec lesquels ils sont rendus. On y remarque un ton de couleur chaud et vigoureux, une touche large, et une grande intelligence d'effet.

Cet Artiste qui avoit passé au service de l'Électeur Palatin, avec une pension de quatre milles florins, laquelle fut portée ensuite à six milles, orna de plusieurs morceaux excellens la Galerie de Dusseldorp, qui appartient à ce Prince.

Il naquit à Kralinguer Ambach près Rotterdam en 1659, et mourut dans cette dernière ville en 1722, âgé de 63 ans.

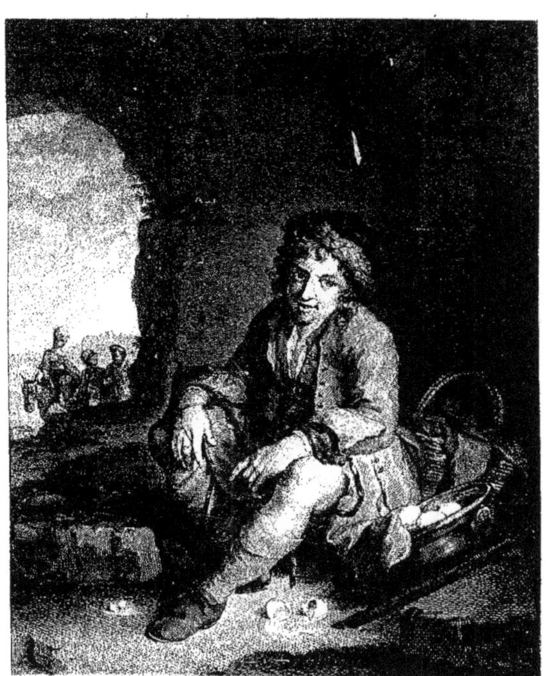

LE VENDEUR D'ŒUFS.

De la Galerie de S. A. S. Monseigneur le Duc d'Orléans.

ÉCOLE HOLLANDOISE.

II.ᵉ TABLEAU D'ADRIEN-VENDER WERF.

Peint sur Bois, ayant de hauteur 9 Pouces 6 Lignes, sur - Pouce 6 Lignes de large.

Ce Tableau représente un jeune Garçon assis, qui paroît réfléchir sur la fragilité de sa Marchandise. On voit près de lui deux Œufs cassés, et dans le fond du Tableau plusieurs figures parmi lesquelles est une femme montée sur un âne. Ce Tableau est d'un touché large et moelleux, et d'un effet vigoureux, et intéresse aussi par la beauté du fini.

Chacun Artiste n'a vu passer ses Ouvrages, de son vivant, à un si haut prix. Vander Werf vendit en 1697 trois de ses Tableaux, au Comte Czernin de Chudenitz, pour 3000 florins, argent d'Hollande.

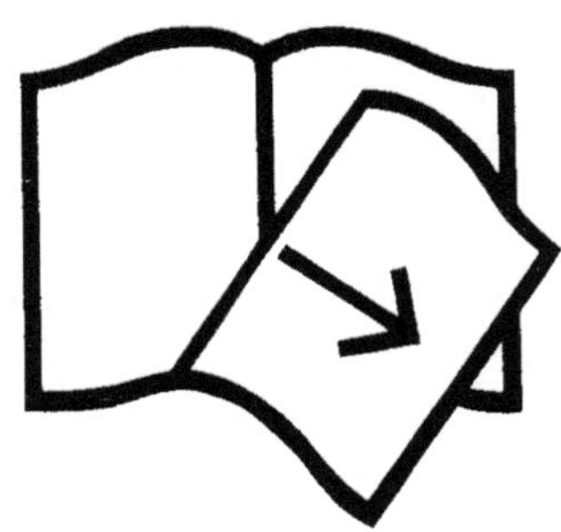

Documents manquants (pages, cahiers...)
NF Z 43-120-13

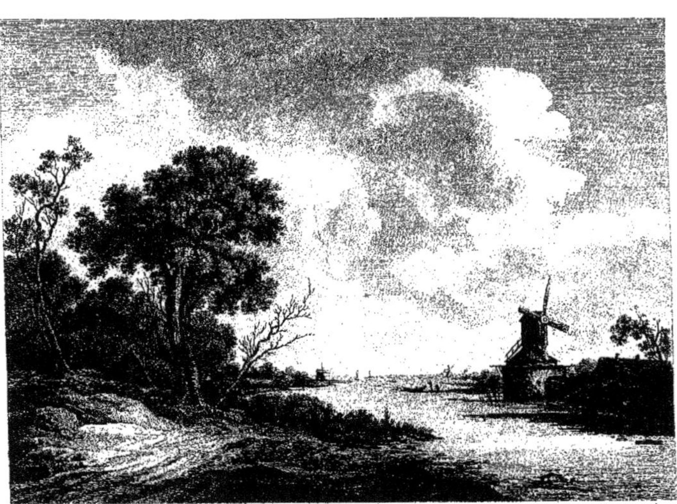

LE MOULIN.

De la Galerie du Palais d'Orléans.

ÉCOLE HOLLANDOISE.

TABLEAU DE J. WYNANTS.

Peint sur bois hauteur 1 pied 4 pouces largeur 2 pieds 2 pouces.

La vérité du site que ce tableau représente, nous fait croire que c'est un véritable portrait d'après nature. La touche moelleuse et spirituelle qui y règne, détermine sa place au meilleur temps de ce maître, dont la vie est peu connue; on sait seulement qu'il est né à Harlem, en 1600, que le jeu et la vie dissolue qu'il mena, l'empêchèrent de porter aussi loin qu'on l'attendoit, le talent sublime qu'il avoit montré. On ignore l'époque de sa mort.

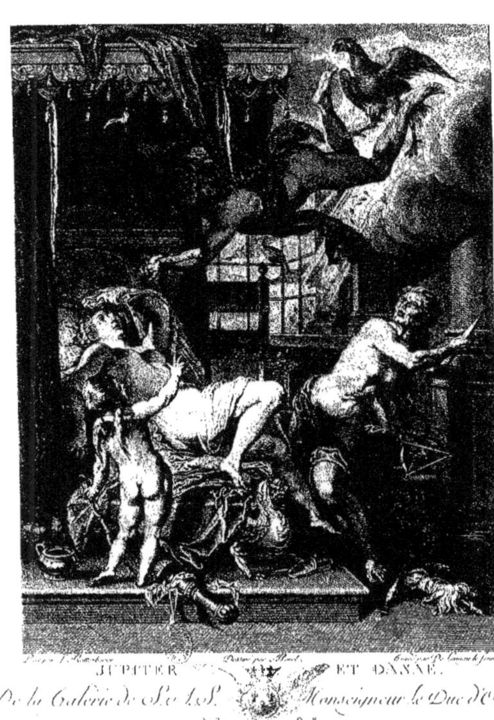

ÉCOLE ALLEMANDE.

TABLEAU DE JEAN ROTTENHAMER.

Peint sur Cuivre, ayant de hauteur 6 Pouces 6 Lignes, sur 5 Pouces 6 Lignes de large.

Le Catalogue des Tableaux du Palais Royal fait mention de deux Tableaux de Rottenhamer: l'un est Jupiter et Danaé que nous représentons ici, l'autre représente un Christ mort sur les genoux de la Vierge, qui n'est plus dans la Collection, soit qu'il ait été cédé, ou que feu S. A. S. le Duc d'Orléans en ait disposé.

Jean Rottenhamer, né à Munick en 1564, reçut les premières leçons de Peinture de Donauwer, Peintre assez médiocre. Il fut ensuite à Rome et à Venise où il étudia princip.t d'après les Ouvrages du Tintoret qu'il a toujours suivi tant pour le Coloris que pour la position de ses figures. C'est ce qu'on remarque sur tout dans ce Tableau dont la Composition est assez bizarre.

Rottenhamer se maria à Venise, et après y avoir long-tems travaillé il retourna en Allemagne et se fixa à Ausbourg où il mourut pauvre. Ses amis furent obligés de se cottiser pour le faire enterrer, on ne sait en quelle année. Il était naturellement prodigue et dissipateur.

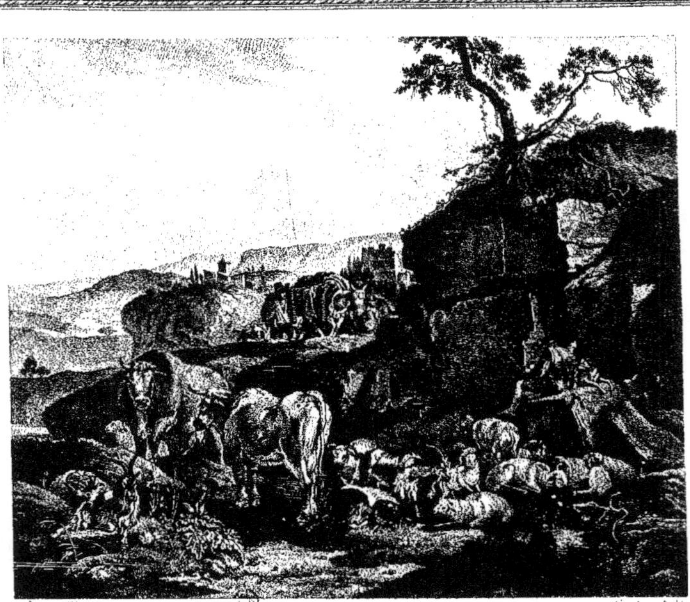

LE PÂTRE.

De la Galerie du Palais d'Orléans.

ÉCOLE ALLEMANDE.

TABLEAU DE JEAN HENRI ROOS.

Peint sur toile, haut de 1 pied 6 pouces, sur 2 pieds de large.

Dans un paysage entrecoupé de collines, un pâtre assis sur une pierre, garde son troupeau. Plus loin sur une hauteur, un villageois conduit deux mulets chargés.

Ce tableau est d'un dessin correct, d'une exécution ferme, d'une couleur chaude et vigoureuse.

Jean Henri Roos naquit en 1631, à Otterberg dans le Palatinat. Il fut d'abord élève de Julien Dujardin, et ensuite d'Adrien de Bie. Son goût le portait à traiter le paysage, et quoiqu'il eût réussi dans le portrait, il se consacra uniquement au genre qu'il préférait. Il s'établit à Francfort et acquit une fortune considérable. Il périt l'an 1685, en voulant soustraire quelques effets précieux aux flammes qui consumaient sa maison.

La plus grande partie des tableaux de cet artiste est en Allemagne. On le regarde comme un des bons peintres d'animaux quoiqu'on lui reproche d'avoir souvent affaibli l'intérêt de ses compositions, en y rassemblant un trop grand nombre d'objets.

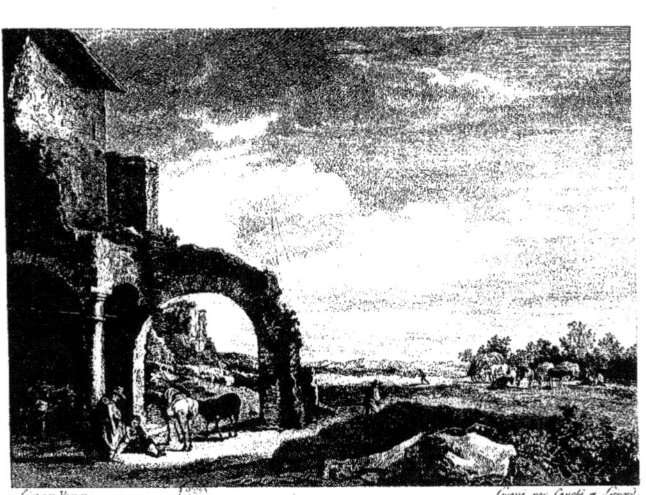

LES VOYAGEURS.

De la Galerie du Palais d'Orléans.

ÉCOLE ALLEMANDE.

1.er TABLEAU DE VAGNER.

Peint à la gouache de la même grandeur que l'estampe.

Si la nature offroit à nos regards une masure transformée en hôtellerie, des voyageurs isolés et dans l'inaction, quelques animaux paisibles, dont une partie sur un plan plus reculé, brouteroit l'herbe ou se reposeroit en attendant l'heure du départ, cette scène commune et journalière nous frapperoit peu et ne nous inviteroit guère à nous arrêter pour la considérer avec attention. Nous éprouvons une sensation bien différente, quand la peinture par un prestige inconcevable nous montre une imitation exacte d'objets aussi peu attrayans. Fondée sur la connoissance de ce principe qu'on ne peut contester, l'École Allemande s'est contentée souvent de copier avec servilité et sans choix tout ce qui s'offroit à sa vue. Certaine de plaire au plus grand nombre par l'expression des détails les plus minutieux, elle a fréquemment ignoré que l'art étant toujours au-dessous de la nature, il falloit pour rivaliser avec elle prendre ses avantages, écarter les minuties, ne s'attacher qu'au beau et imiter l'abeille qui dédaigne les fleurs sur lesquelles elle ne trouve pas de miel à recueillir.

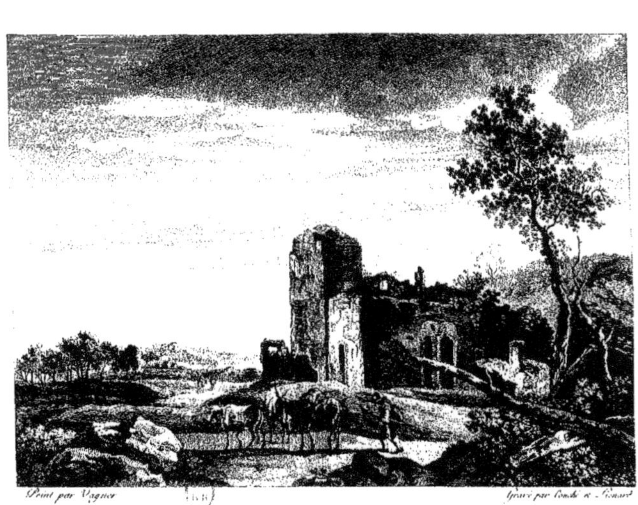

LES RUINES.

De la Galerie du Palais d'Orléans.

ECOLE ALLEMANDE.

D'APRÈS LE TABLEAU DE VAGNER.

Peint à la gouache de la même grandeur que l'estampe.

Jean George Vagner peintre et graveur, naquit à Dresde, fut élève de Dietrich et mourut jeune à Meissen en 1767.

Cet artiste a peint plus fréquemment à la gouache qu'à l'huile, et ses ouvrages sont recherchés. Ses sites ont peu d'étendue, ses ciels ont souvent de la légèreté et teignent harmonieusement de leurs reflets les lointains, ses arbres sont touchés avec finesse, enfin les figures et les animaux dont il orna ses tableaux sont indiqués avec esprit. On le sit employer assez souvent la masure qui occupe le second plan de ce paysage. Il eut beau en varier les formes et les accessoires, ses déguisemens n'empêchent pas de la reconnoître, ce qui nous fait supposer qu'il en avoit étudié avec plaisir le modèle dans la nature.

M.e Hamel et d'autres artistes habiles ont gravé d'après ce Maître.

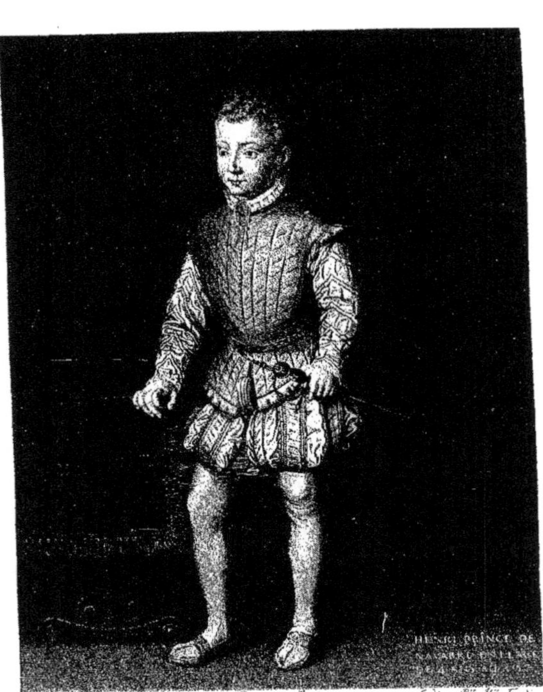

Peint par F. Janet.   Dessiné par Baudran.   Gravé par P.r M.e Tardieu.

HENRI QUATRE.

De la Galerie de S. A. S. Monseigneur le Duc d'Orléans.

ÉCOLE FRANÇOISE.

TABLEAU DE FRANÇOIS CLOUET,
dit JANET.

Peint sur Bois, ayant de hauteur 4 Pieds, sur 3 Pieds de large.

Ce Tableau est un monument précieux qui nous transmet les traits de l'enfance d'Henry IV. Ce Prince est représenté à l'âge de quatre ans; il est debout et vêtu selon le Costume du temps, tenant d'une main son Épée et de l'autre s'appuyant sur une Table couverte d'un tapis. Il y a des détails précieux dans ce Tableau, mais l'illusion de la vérité est détruite par la disproportion qui se trouve entre la hauteur de la Table et celle de l'Enfant, qui par cette comparaison, est d'un Dessin trop mesquin, et paroît plus que son âge.

François Clouet, plus connu sous le nom de Janet, s'est acquis une grande réputation dans la Miniature et dans le Portrait; il vivoit dans le XVI Siècle.

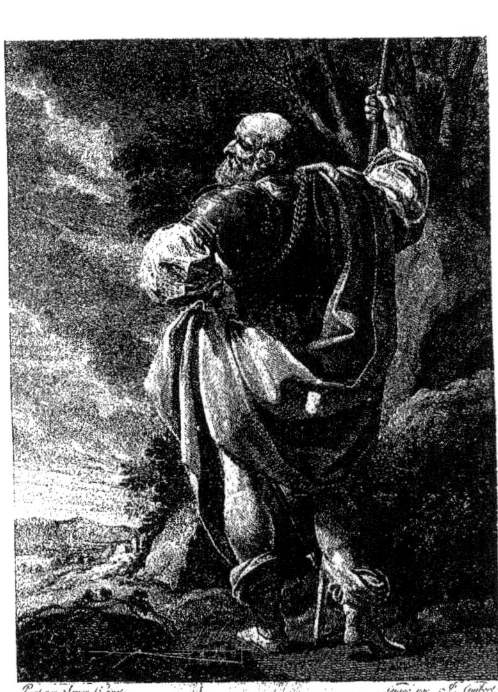

GAUCHER — DE CHASTILLON

De la Galerie — du Palais Égalité

ÉCOLE FRANÇAISE.

TABLEAU DE SIMON VOUET.

Peint sur Toile, ayant de hauteur 6 Pieds 8 Pouces, sur 4 Pieds de large.

Ce Tableau représente Gaucher de Chastillon, l'un des plus grands Capitaines qui firent honneur à la France dans le onzième siècle. Ce grand homme d'une famille illustre suivit Philippe Auguste au Voyage de la Terre Sainte, et se distingua au Siege d'Acre en 1191. Il ne se signala pas moins à la Conquête de la Normandie en 1204, en Flandres où il se rendit maître de Courtray et à la Bataille de Bovines au sein de laquelle il contribua. Il mourut en 1219 comblé d'honneur et de gloire.

Simon Vouet, qui peignit ce Tableau pour orner la Galerie des Hommes Illustres que faisoit faire le Cardinal de Richelieu, naquit à Paris en 1582 et y mourut en 1649.

Cet artiste peut être regardé comme le fondateur de l'École française; la plupart de nos meilleurs Maîtres prirent de ses leçons, on compte parmi ses élèves, le Sueur, le Brun, Mole, Perrier, Mignard, Dorigny, par Testelin, Dufresnoy et plusieurs autres.

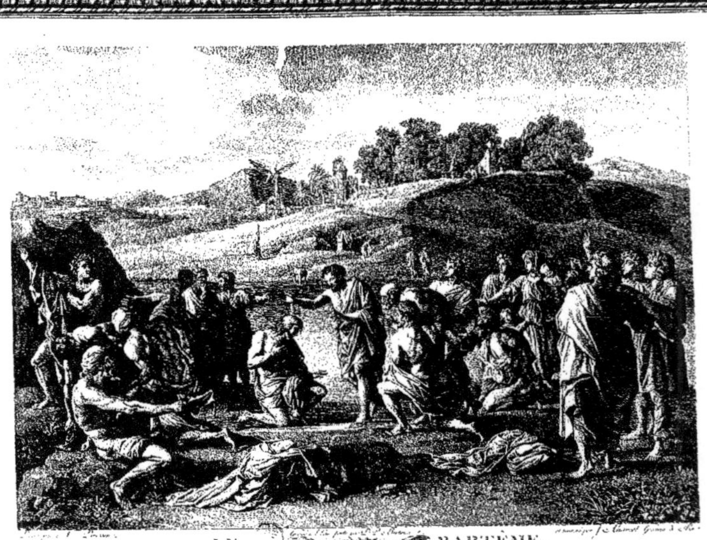

ÉCOLE FRANÇOISE.

1.ᵉ TABLEAU DE NICOLAS POUSSIN.

Peint sur Toile, ayant de hauteur 3 Pieds 8 Pouces, sur 5 Pieds 5 Pouces de large.

Monseigneur Le Duc d'Orléans possède douze Tableaux de ce Maître.

Les sept Sacremens du Poussin forment une suite qu'on peut regarder comme une des plus belles productions de la Peinture. Ce Tableau représente l'institution du premier Sacrement. On y voit J. C. recevant le Baptême de S.t Jean le Précurseur. Plusieurs de ceux que les avoient suivis, se présentent aussi pour être baptisés; d'autres qui viennent de l'être s'essuyent et se rhabillent. Parmi les Spectateurs on distingue des femmes, des enfans et des Vieillards; quelques uns ont les yeux fixés sur la Colombe, symbole du S.t Esprit qui plane au dessus de Notre Seigneur. Les divers sentimens qui affectent les uns et les autres, sont exprimés d'une manière sublime. Toute cette composition est d'un Style imposant, tant par sa belle ordonnance et une grande correction de dessin, que par la richesse du Site. L'effet en est ferme, la touche large et spirituelle, et le coloris gracieux.

Nous aurons l'occasion de revenir souvent sur le Poussin; mais nous croyons d'abord devoir rapporter ici le jugement qu'en a porté M. d'Argenville. « Cet habile Artiste, dit-il, anoblissoit par la sublimité de ses pensées, les sujets les plus communs. Il les traitoit avec beaucoup d'élégance; un piquant acide accompagnoit tout ce qu'il faisoit. Excellent Dessinateur, grand historien, grand Poëte, sage Compositeur, ne mettant pas une seule figure qu'il n'en connut la nécessité; grand Paysagiste, personne n'a mieux exprimé les divers effets de la Nature. Il inventoit aussi facilement qu'heureusement; la sage ordonnance de ses Tableaux étoit soutenue par de beaux fonds d'architecture et de Paysage. Toutes ses figures avoient les vêtemens qu'elles dévoient avoir; les costumes des Anciens et de chaque pays, les âges, les convenances des matières, des sexes, des conditions étoient exactement observés. Enfin, malgré quelques défauts, que les connaisseurs remarquent dans ses Ouvrages, comme d'avoir trop multiplié les plis des étoffes, de n'avoir pas assez contrasté ses attitudes, ni varié ses airs de tête et ses expressions, il peut être comparé aux plus célèbres Artistes de l'Italie. »

Nicolas Poussin naquit à Andely, petite Ville de Normandie, en 1594, et mourut à Rome en 1665, âgé de 71 ans.

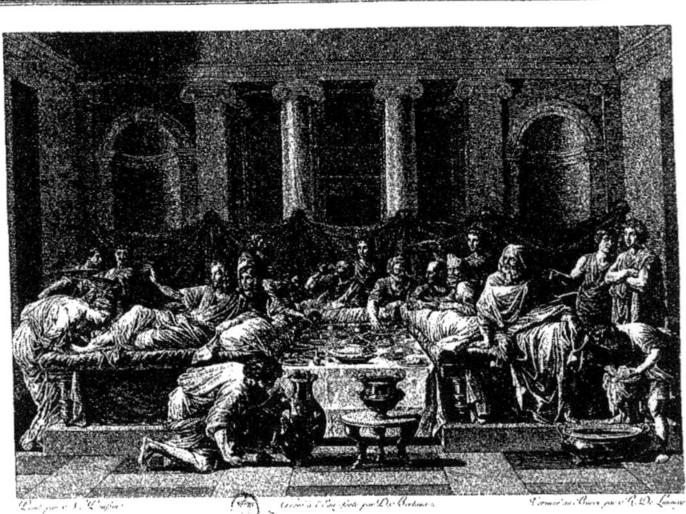

LA PÉNITENCE.

De la Galerie du Palais d'Orléans.

ÉCOLE FRANÇOISE.

II.ᵉ TABLEAU DE NICOLAS POUSSIN.

Peint sur Toile, ayant de hauteur 5 Pieds 8 Pouces, sur 5 Pieds 5 Pouces de large.

Ce Tableau représente Jésus à table chez Simon le Pharisien, au moment où Magdeleine pénitente, après lui avoir versé des Parfums sur les pieds, les arrose de ses larmes et les essuie avec ses cheveux. Le Sauveur à demi-couché, le coude gauche appuyé sur le Coussin, regarde la femme pécheresse qui est toute éplorée, il étend la main droite et témoigne par ce geste qu'il lui remet ses péchés. Au côté opposé à celui de Jésus-Christ on voit Simon qui montre de la main l'action de la pécheresse ; à sa gauche est un Vieillard qui paroît à son ample habillement blanc doublé de pourpre, être un Docteur de la Loi. Il est assis sur le bord du lit, et un Esclave lui essuie les pieds qu'il vient de lui laver. Ces deux Pharisiens sont reconnaissables aux Phylactères qu'ils portent sur le front.

Dans le nombre des Ouvrages de Nicolas Poussin, l'on n'en connaît aucun de supérieur à cette Composition : la grandeur du Style, le beau mouvement de la Scène, l'expression des Caractères, la pureté du Dessin et l'Effet sont réunis ici à un Degré qui ne laisse rien à désirer, et qui justifie la haute réputation de ce grand Maître de l'École françoise.

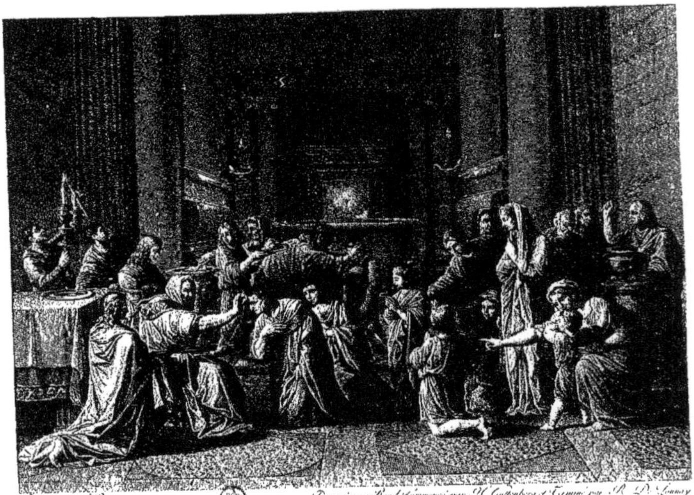

Peint par N. Poussin. — Dessiné par Borel, Commencé par H. Guttenberg, et Terminé par R. De Launay

LA CONFIRMATION.

De la Galerie du Palais d'Orléans.

ÉCOLE FRANÇOISE.

IIIE. TABLEAU DE NICOLAS POUSSIN.

Peint sur Toile, ayant de hauteur 3 Pieds 8 Pouces, sur 5 Pieds 5 Pouces de large.

Le Poussin, toujours égal à lui même, nous donne dans les figures qui animent cette magnifique Composition une nouvelle preuve de la fécondité de son Génie, de la supériorité de son Talent à exprimer les traits de ses Personnages, et à rendre au dehors les passions dont leurs âmes sont diversement affectées, et qui semblent leur convenir, pour les situations dans lesquelles il a le Talent de les placer. L'Auguste Cérémonie qui conduit les fidèles au Temple inspire aux uns un sentiment de respect mêlé de crainte, aux autres une joie pure et délicieuse. La Candeur, le Calme de l'Innocence est peint dans tous les traits de cette jeune fille que l'on apperçoit debout derrière les Enfans, aux quels l'Artiste a su donner aussi leurs expressions; à côté est une tendre Mère, dont le geste annonce à son petit Enfant que son frère va bientôt avoir le bonheur de partager avec les autres fidèles les Graces et les dons de l'Esprit Saint dans le Sacrement qu'il est près de recevoir. Le contentement est dans son Ame et se répand sur son visage; l'Enfant lui même, dans l'attitude de l'étonnement et de l'admiration, semble comprendre le discours de sa Mère, et partager les sentimens de sa piété.

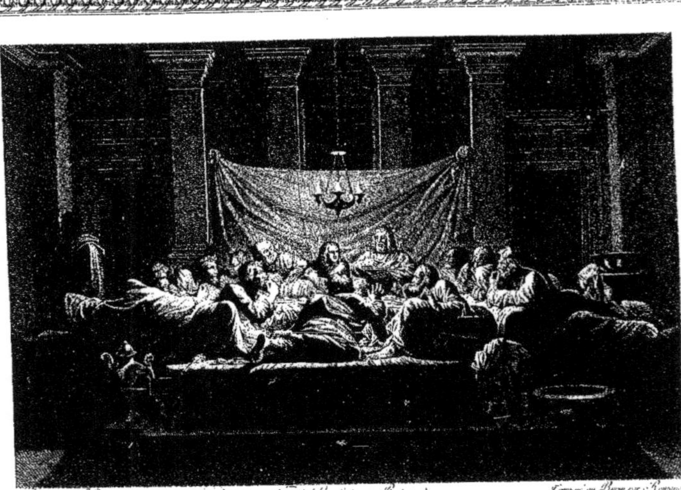

L'EUCHARISTIE.

De la Galerie du Palais d'Orléans

ECOLE FRANÇOISE.

IVme. TABLEAU DE NICOLAS POUSSIN.

Peint sur Toile, ayant de hauteur 5 Pieds 8 Pouces, sur 5 Pieds 5 Pouces de large.

Voici la Description qu'on trouve de ce Tableau dans le Catalogue des Peintures de la Galerie du Palais d'Orléans.

La Scène du Tableau est une Salle ornée de Pilastres: au milieu est une Table sur laquelle on ne voit que du pain. Notre Seigneur, vêtu d'une Tunique blanche avec un Manteau d'un rouge clair, est en face tenant la coupe et faisant un signe de la Main; St. Jean est à sa droite qui paroît l'avoir intéressé à la méditation de St. Pierre qui est à côté de lui. Les Apôtres sont habillés différemment et une tête aussi que Jésus Christ, hors un seul au bout à droite qui a un Manteau bleu, dont un pan lui couvre la tête. et encore on voit Judas enveloppé d'une Draperie rouge et sortant de la Salle. Une Tapisserie verte attachée aux Pilastres sert de fond aux figures. Comme l'Eucharistie que ce Tableau représente a été instituée le soir, ce tems est marqué par l'obscurité de la Salle qui n'est éclairée que par une Lampe à trois mèches suspendue au plancher au-dessus de la Table, et le respect dû à ce grand Sacrement est exprimé par le Silence de ce lieu, où il n'y a que Jésus Christ et les Apôtres.

Ce Tableau ne le cède en rien aux précédens, tant par l'Ordonnance et le bel effet, que par la correction du Dessin, et la fermeté de la Touche. L'Expression donnée principalement à la figure de St. Pierre peint parfaitement la surprise et l'espèce d'incrédulité de cet Apôtre aux paroles de Jésus Christ; Ceci est mon Corps, ceci est mon Sang.

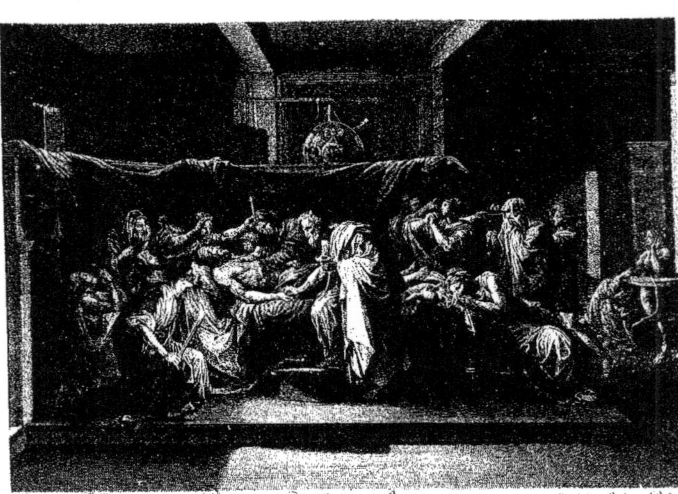

L'EXTRÊME-ONCTION.

De la Galerie du Palais d'Orléans.

ÉCOLE FRANÇOISE.

V.ᵉ TABLEAU DE NICOLAS POUSSIN.

Peint sur Toile, ayant de hauteur 5 Pieds 8 Pouces, sur 5 Pieds 5 Pouces de large.

La Scène est la Chambre d'un Malade. Il est couché sur un lit à l'antique. La Mort est imprimée sur son visage, ses yeux cavés sont presque fermés; sa bouche ouverte montre qu'il a peine à respirer; son corps ne paroît plus qu'une masse inanimée; les pieds sont déjà morts; le bras droit est étendu sur le bord du lit, la main ouverte reçoit l'Onction sacrée.

La famille du Malade, caractérisée suivant les Ages, le sexe, les Degrés de parenté, offre un Spectacle déchirant. Une jeune fille placée derrière le Clerc, les mains jointes, et les yeux au Ciel, prie pour la guérison de son père. La Mère, dont la tendresse et la douleur sont également exprimées, pour ranimer le sentiment dans son Mari expirant, lui présente un petit Enfant, dernier fruit de leur union, qui tend les bras à son père, et semble lui demander encore ses caresses.

Tous les autres détails offrent le même intérêt dans ce Tableau qui, pour l'Ordonnance, les Caractères et l'expression, passe pour le plus beau des sept Sacremens peints par cet Artiste célèbre, et que l'on trouve soit à Rome, soit dans cette Collection.

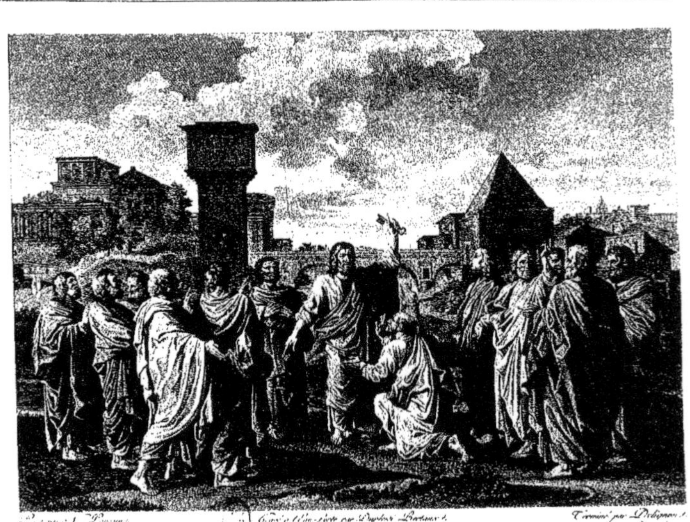

L'ORDRE.

De la Galerie du Palais Royal.

ÉCOLE FRANÇOISE.

VIme TABLEAU DE NICOLAS POUSSIN.

Peint sur Toile, ayant de hauteur 3 Pieds 8 Pouces, sur 5 Pieds 5 Pouces de large.

La Scène du Tableau est un Paysage qui représente les environs de la Ville de Césarée, situé au pied du Mont Liban proche de la source du Jourdain, parce que c'est en cet endroit que Jésus-Christ dit à ceux qu'il donne à St. Pierre le pouvoir de lier et de délier.

J. C. est au milieu du Tableau, vêtu d'une Tunique rouge avec un Manteau bleu. Il tient une Clef de chaque main, montrant de la gauche le Ciel, et de la droite la Terre. Il désigne ainsi le pouvoir qu'il confère sur l'un et l'autre Élément. Saint Pierre dont la Tunique est violette et le Manteau jaune, est à demi agenouillé et paroît dans l'admiration des paroles de son Maître. On remarque dans les autres Disciples une grande variété de caractères. Quelques uns expriment par leurs attitudes la joie le respect et le ravissement. Le Disciple bien aimé de Jésus, se distingue sur tout par son expression pleine de candeur et de noblesse.

Ce Tableau remarquable par sa belle ordonnance, est un des mieux conservés de cette magnifique Collection.

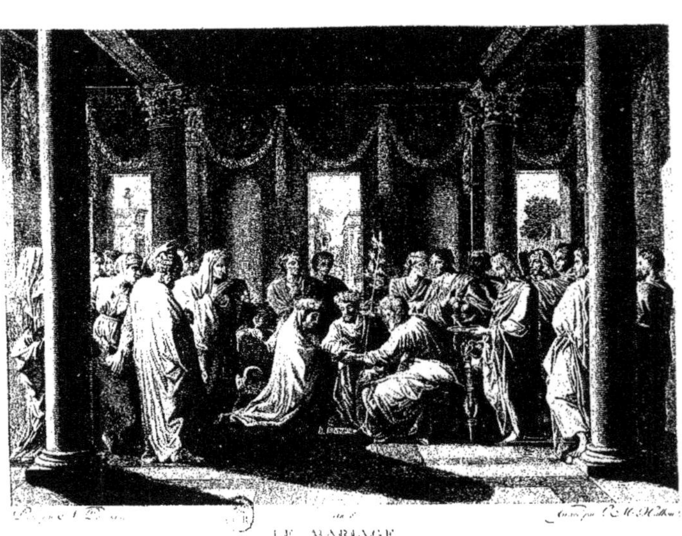

De la Galerie du Palais d'Orléans
ÉCOLE FRANÇOISE.

VII.me TABLEAU DE NICOLAS POUSSIN.

Peint sur Toile, ayant de hauteur 3 Pieds 8 Pouces, sur 5 Pieds 5 Pouces de large.

Le Poussin, de M. de Piles, étoit né avec un beau et grand génie pour la Peinture. L'Amour qu'il eut d'abord pour les figures Antiques, les lui fit étudier avec tant de soin, qu'il en savoit toutes les beautés et toutes les différences, qu'il en chercha la source dans l'étude de l'Anatomie, et qu'enfin il s'acquit dans ce savoir-là une habitude consommée du Dessin. Mais dans cette partie-là même, au lieu de tourner ses yeux sur la Nature, comme sur l'origine des beautés dont il étoit épris, il regarda cette Maîtresse des Arts beaucoup au-dessous de la Sculpture, à laquelle il l'avoit assujettie : ensorte que dans la plûpart de ses Tableaux, le nud de ses figures tient beaucoup de la pierre peinte, et porte avec lui plûtôt la dureté des Marbres, que la délicatesse d'une chair pleine de Sang et de vie.

Ses inventions dans les Histoires et dans les fables qu'il a traitées, sont ingénieuses aussi bien que ses Allégories : Il a bien choisi ses sujets et les a traités avec toutes leurs convenances, principalement les héroïques. Il y a introduit tout ce qui peut les rendre agréables et instructifs : il les a exprimés selon leur véritable caractère en joignant les passions de l'âme en particulier à l'expression du sujet en général.

Quand l'occasion s'en présentoit il ornoit ses Tableaux d'Architecture qu'il faisoit d'un excellent goût, et la réduisoit régulièrement en perspective qu'il savoit parfaitement.

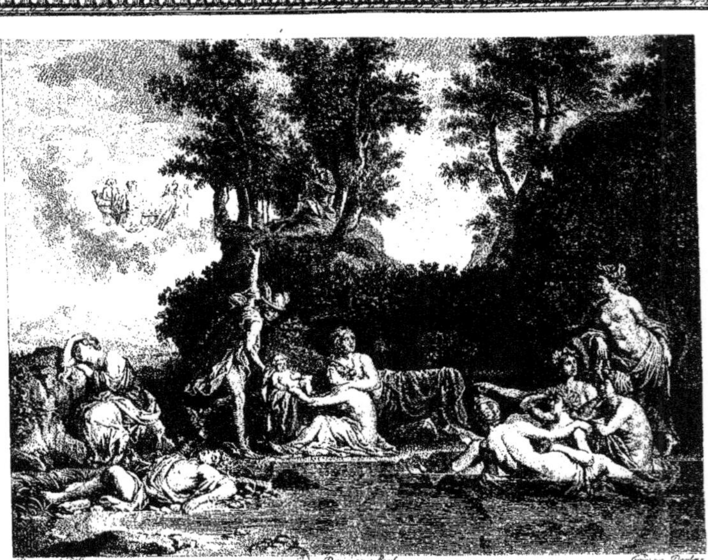

ÉCOLE FRANÇOISE.

VIII.e TABLEAU DE NICOLAS POUSSIN.

Peint sur Toile, ayant de hauteur 3 Pieds 9 Pouces, sur 5 Pieds 6 Pouces de large.

« Voici la description qu'on trouve de ce Tableau dans le Catalogue des Peintures du Palais Royale ».

« La Scène du Tableau est un Paysage où coule sur le devant un ruisseau. Mercure, dont l'habillement est rouge, et les draperie ou chaperon jaune vert, présente Bacchus, nouveau né et couronné de pampre, à Ino. Cette Nymphe qui une draperie quelque peu seulement à moitié, est assise à terre et reçoit cet enfant avec beaucoup de joie. Une autre Nymphe à genoux, derrière elle, tourne la tête vers ses compagnes pour leur annoncer la naissance du fils de Jupiter. A droite on voit le Maître des Dieux, dans la nuée, couché sur un Lit à l'antique, buvant l'ambroisie dans une coupe que lui sert Hébé. Au dessus de Bacchus non apparent le Dieu Pan assis sur la croupe d'une Montagne, jouant de la flute. Dans le coin à droite, au bas du Tableau, le Peintre a représenté la fable de Narcisse : il est étendu mort sur les fleurs qui portent son nom, et un peu plus haut on voit la Nymphe Echo assise, la tête appuyée sur son bras : sa pâleur bleuâtre marque qu'elle est changée en pierre ».

Ce Sujet réunit tous les genres dans lesquels le Poussin s'est rendu également célèbre. Ce Tableau est précieux, tant pour la composition que pour le Coloris et les beaux contraste qui résultent de la variété des plans. Le Paysage est touché avec cette vérité que procure l'étude la plus approfondie de la Nature. De belles carnations, un dessin pur et d'excellens caractères de tête, donnent aux figures les genres et l'expression dont elles sont susceptibles. Enfin le bel accord de tons qui règne dans toutes les parties, rend ce Tableau d'une harmonie parfaite, et lui assigne un rang distingué parmi les ouvrages de ce grand Maître. Il est de plus très-bien conservé.

M.^{le} Vigée-Lebrun

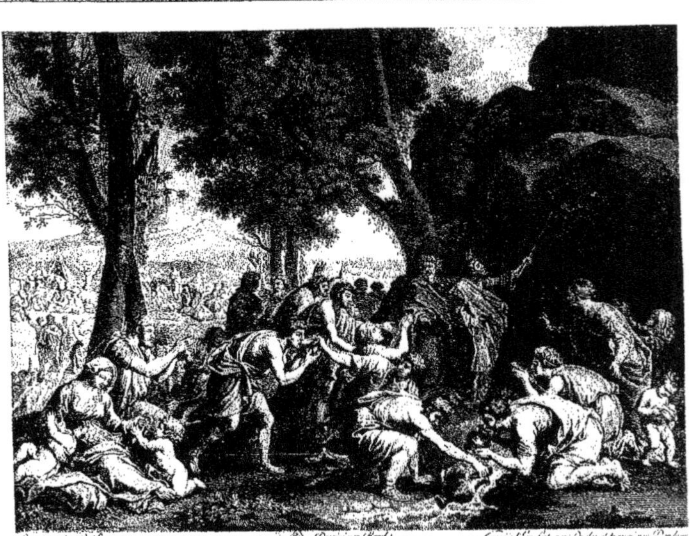

De la Galerie de S. A. S. Monseigneur le Duc d'Orléans.

ÉCOLE FRANÇOISE.

IXe TABLEAU DE NICOLAS POUSSIN.

Peint sur Toile, ayant de hauteur 3 Pieds, sur 4 Pieds 2 Pouces de large.

Moïse frappant de sa Verge le Rocher d'Horeb en fait jaillir une Eau abondante dont se désaltèrent les Israélites.

Tout donne à cette Scène cet air de vérité et d'intérêt auquel l'Art seul ne peut atteindre sans le concours d'un beau Génie. Quel beau mouvement dans les Groupes! quelle variété d'expressions dans les Caractères! Et au sentiment de la douleur et de l'abatement succèdent l'étonnement, l'admiration, l'attendrissement et la joye. Les uns uniquement occupés à satisfaire la soif qui les tourmente, boivent à longs traits dans des vases qu'ils ont remplis au Ruisseau déjà formé par la Source Miraculeuse; ces Vases passent de main en main, et l'on voit une Mère qui en tire un qu'elle porte à la bouche de ses Enfans pour apaiser leurs cris. Près d'elle est un Vieillard à genoux et les mains jointes qui paroit rendre grâce au Ciel d'un secours si inattendu. D'autres accourent avec leurs Enfans et se pressent pour admirer le Prodige qui s'opère. Moïse est debout et tient sa Verge dont il frappe le Rocher. Derrière lui on voit Aaron qui indique aux Anciens et au Peuple que le Seigneur a été touché de leurs maux.

De grands arbres séparent ces premiers plans d'avec un Lointain très étendu où l'on apperçoit une partie du Camp des Israélites situé au pied de la Montagne. Leurs attitudes sont celles de la douleur et de l'abatement qui indiquent que l'Eau n'est point encore descendue jusqu'à eux.

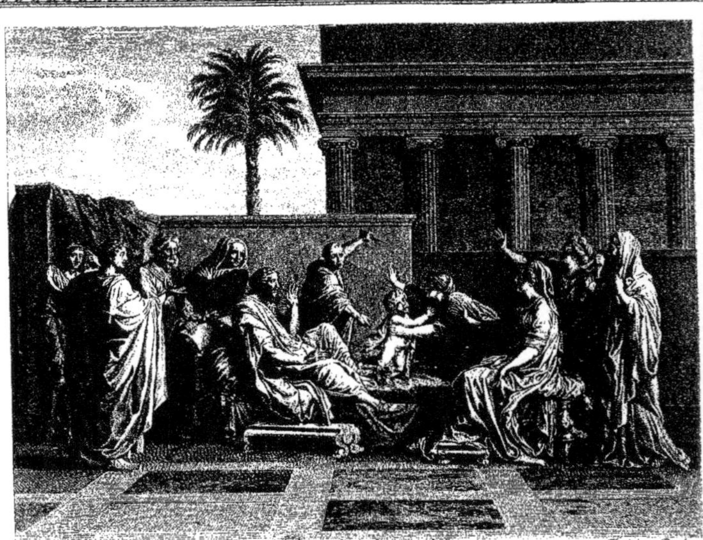

MOYSE MARCHANT SUR LA COURONNE DE PHARAON.

De la Galerie de S. A. S. Monseigneur le Duc d'Orléans.

A. P. D. R.

ÉCOLE FRANÇOISE.

N.ᵉ TABLEAU DE NICOLAS POUSSIN.

Peint sur Toile, ayant de hauteur 3 Pieds 1 Pouce, sur 4 Pieds 4 Pouces de large.

Thermutis, fille de Pharaon, ayant sauvé Moyse des eaux du Nil, l'adopta pour son fils à l'âge de trois ans. La beauté et la noblesse de cet Enfant fixoient l'attention de toute la Cour: mais un jour que le Roi caressoit Moyse, sa Couronne tomba, et l'Enfant mit involontairement le pied dessus. Cette action parut de mauvais augure à ceux qui étoient présents et un Officier furieux de cette profanation voulut le poignarder: ce moment est le Sujet de ce Tableau.

Pharaon est assis, le petit Moyse près de lui a le pied sur la Couronne, et s'élance vers une femme qui s'avance avec effroi pour le garantir du fer dont il est menacé. Thermutis est assise sur un tabouret, et près d'elle sont plusieurs femmes. Derrière le Roi l'on voit plusieurs personnages vénérables et entre autres un Prêtre de Jupiter qui est appuyé sur le dossier du siège.

Le Stile de grandeur qui règne dans toutes les parties de cette Composition, joint à l'intérêt d'une expression sublime et d'un Dessin correct, portent ce Tableau au premier rang des Ouvrages de Nicolas Poussin.

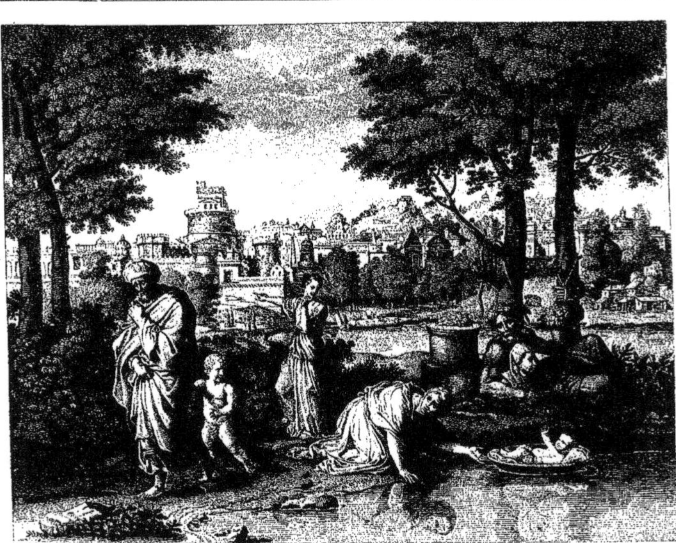

De la Galerie du Palais d'Orléans.

ÉCOLE FRANÇAISE

XE TABLEAU DE N. POUSSIN.

Peint sur toile, Hauteur 4 pieds 8 pouces, Largeur 6 pieds 4 pouces.

Le Roi d'Égypte, pour échapper aux effets d'une prédiction funeste, avait ordonné aux hébreux de noyer tous les enfans mâles qui leur naîtraient, et aux sages femmes égyptiennes de surveiller l'exécution de cet ordre tyrannique.

La crainte de passer inutilement tous jours, sans espoir de sauver ceux de leurs fils, détermine les parens de Moyse à le confier aux eaux. Une corbeille de jonc enduite de bitume lui sert de nacelle, et la tendresse de Jacabed lui fait choisir, pour le déposer, l'une des sinuosités du fleuve, où les eaux moins rapides laissent à cette mère infortunée une faible espérance de sauver l'objet de ses alarmes. Elle détourne les yeux, et ne peut se résoudre à quitter son fils, qui par ses gestes semble la rappeller. Aaron, éloigné, n'a pas toute sa douleur concentrée, et est suivi par l'aîné de ses fils. Aaron est nu, il se retourne et cherche à deviner la cause d'un malheur que la faiblesse de son âge ne lui permet pas de pénétrer. — La jeune Marie envoyée par sa mère à la découverte, vient d'apercevoir dans le lointain la fille de Pharaon. Elle en conçoit un heureux présage, et par des signes multipliés, elle essaye de se faire entendre de Jacabed, et de la distraire de sa douleur.

Dans le lointain, des fabriques variées annoncent Memphis, la capitale de l'Égypte. Vers le premier plan la statue d'un vieillard robuste et assis, tenant une corne d'abondance, et s'appuyant sur un sphinx emblème de l'obscurité des sources du Nil, fait pressentir que la scène se passe sur les bords de ce fleuve. Un autel chargé de fleurs, des arcs, des carquois et des instrumens de musique suspendus aux arbres voisins, monumens passagers d'allégresse, de victoire et de plaisirs récemment obtenus, contrastent avec la douleur des parens de Moyse et font naître dans l'âme des spectateurs une douce mélancolie.

Le Poussin fit ce tableau en 1654, pour Mr. Stella son ami, et Peintre estimable.

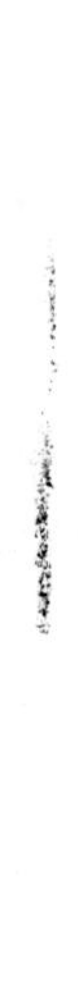

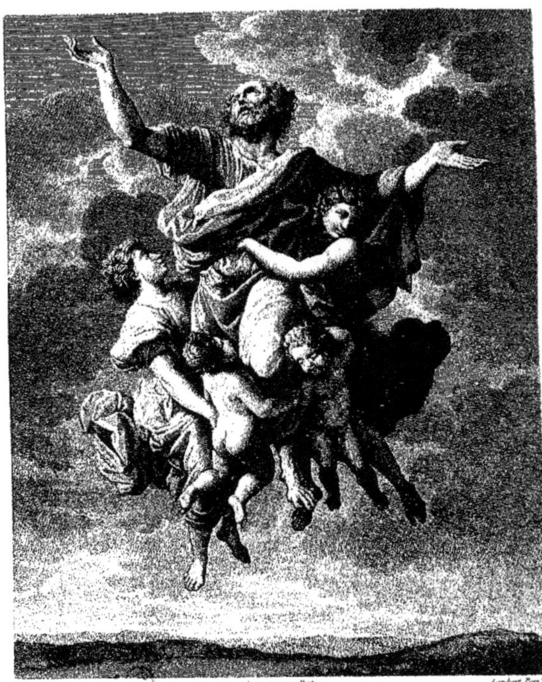

RAVISSEMENT DE S.t PAUL.

De la Galerie du Palais d'Orléans,

ÉCOLE FRANÇAISE.

XII.e TABLEAU DE N. POUSSIN.

Peint sur bois. Haut. 1 pied 5 pouces. Largeur 11 pouces.

Dans le deuxième chapitre de la seconde épitre aux Corinthiens, S.t Paul raconte les révélations du Seigneur, et dit en parlant de lui-même : « Je sais que cet homme (si ce fût avec son corps ou sans son corps, je n'en sais rien, Dieu le sait) que cet homme, fût ravi dans le paradis, et qu'il y entendit des paroles ineffables, qu'il n'est pas permis à un homme de rapporter. »

Le Poussin a traité deux fois ce sujet extraordinaire avec quelques changemens, le premier a été exécuté en 1643 pour Monsieur Chantelou, qui désirait un pendant au tableau de Raphael qu'il possédait, et représentait la vision d'Ezechiel, c'est celui dont nous offrons la gravure. Le second peint en 1649 pour Monsieur Scarron, fait aujourd'hui partie de la collection du Musée Napoléon.

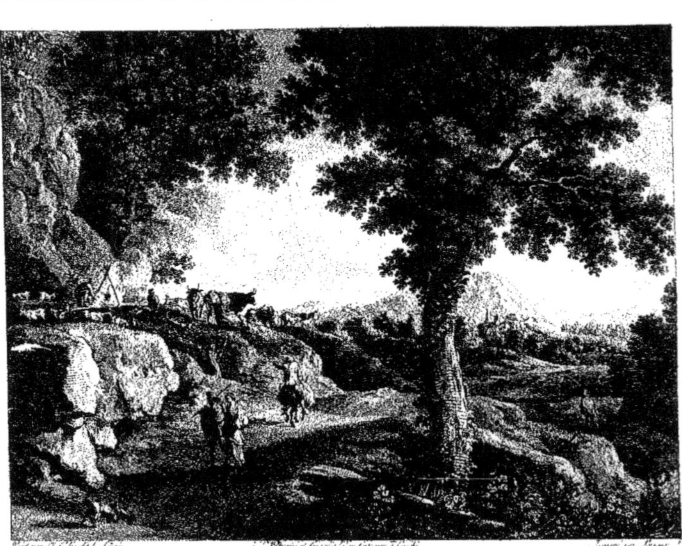

SOLEIL COUCHANT.

De la Galerie de S. A. S. Monseigneur le Duc d'Orléans.

ÉCOLE FRANÇOISE.

TABLEAU DE CLAUDE GELÉE

SURNOMMÉ LE LORRAIN.

Peint sur Toile, ayant de hauteur 1 Pied 4 Pouces, sur 1 Pied 9 Pouces de large.

Monseigneur le Duc d'Orléans, ne possède qu'un Tableau de ce Maître.

Aucun Peintre n'a mieux saisi le caractère de la Nature que Claude le Lorrain. On remarque dans tous les Ouvrages de ce célèbre Paysagiste une connoissance profonde des principes de la Perspective aérienne, du Clair-Obscur et de l'harmonie; il savoit exprimer par une intelligence admirable les variétés de tons qu'éprouve la Nature, aux différentes heures du jour; et l'on a de lui des effets de Soleil levant, ou couchant qui font illusion.

Le Tableau que nous représentons ici est un riche Paysage où l'on voit quelques figures et des Animaux. Le Site est montagneux et agréablement varié; et l'heure du jour est le Coucher du Soleil. Une touche large et moëlleuse, un Coloris chaud et harmonieux font regarder ce Tableau comme un des bons Ouvrages de ce Maître.

Claude le Lorrain a gravé aussi à l'eau-forte; et l'on a de lui plusieurs Paysages et Marines touchés d'une manière libre, mais spirituelle et pleine de goût. Il mourut à Rome en 1682 âgé de 82 ans.

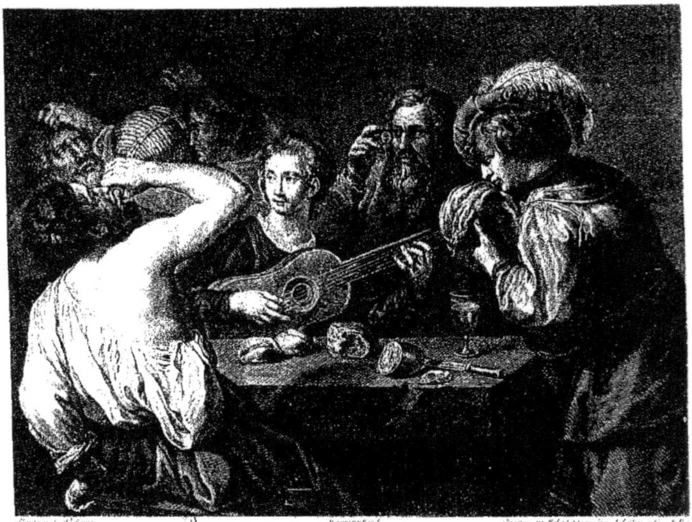

Peint par le Valentin

LES CINQ SENS

De la Galerie de S. A. S. Monseigneur le Duc d'Orléans

A. P. D. R.

ÉCOLE FRANÇAISE.

I.er TABLEAU DE VALENTIN,

Peint sur Toile ayant de hauteur 3 pieds 10 pouces sur 5 pieds 4 pouces de large.

S. A. S. Mgr le Duc d'Orléans possède 3 Tableaux de ce Peintre.

On indique ce Tableau dans le Catalogue de ceux qui composent la Galerie du Palais Royal, sous le titre d'une Femme qui joue de la Guitarre. *Ce titre ne nous paroît pas exact, et nous croyons plutôt que ce sont les* Cinq Sens, *que le Peintre a voulu représenter, la vue, par un homme qui regarde avec une lunette; l'odorat, par un autre qui flaire un melon; le goût, par un troisième qui boit un gobelet; l'ouïe, par une femme qui joue de la guitarre, et le toucher, (mais toucher rude) par deux hommes qui se donnent des coups de poing. Quoiqu'il en soit, on peut dire que c'est une de ces compositions burlesques, auxquelles le Valentin aimoit à s'exercer. Ce genre trivial et quelque fois bizarre admet des caractères variés, en opposition les uns avec les autres, d'où il résulte, sous le pinceau d'un grand Maître, des contrastes et des effets intéressans; et c'est par là que ce Tableau de Valentin mérite les plus grands éloges. Un ton de couleur ferme et vigoureux, une touche large et hardie déterminent, au premier coup d'œil, le suffrage des Connoisseurs. On regrette seulement que ce Tableau ait souffert dans quelques endroits.*

Le Valentin naquit en 1600, dans la petite ville de Colomiers en Brie. Après avoir passé quelque tems à l'école de Vouet à Paris, il se rendit à Rome où la manière fière de Michel Ange de Caravage lui plût tellement qu'il la prit toujours pour modèle; cependant ses Tableaux ne sont ni aussi noirs, ni aussi outrés que ceux de ce Peintre. Un trait d'éloge bien flatteur pour le Valentin, c'est que les Amateurs de Rome disoient que si le Poussin saisissoit mieux les affections de l'âme, le premier rendoit mieux la nature.

Cet Artiste mourut fort jeune à Rome en 1632 il n'étoit âgé que de 32 ans.

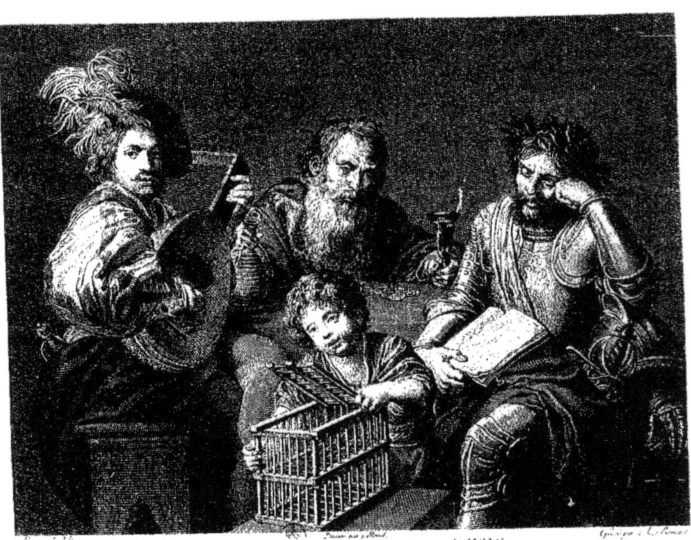

De la Galerie de S.A.S. Monseigneur le Duc d'Orléans.

ÉCOLE FRANÇOISE.

IIme TABLEAU DE VALENTIN,

Peint sur Toile, ayant de hauteur 3 Pieds 6 Pouces, sur 4 Pieds 6 Pouces de large.

Voici encore un de ces Tableaux de Valentin, où l'on retrouve ses idées et ses conceptions singulières, pour ne pas dire même bizarres. On doit cependant le regarder comme un des meilleurs qui soient sortis de sa main, pour ce qui concerne le Coloris, le Dessein et l'Harmonie. Il est d'ailleurs aussi bien conservé que s'il venoit d'être peint.

Le premier âge est représenté par un Enfant qui joue avec une Cage entr'ouverte. Un jeune homme vêtu à l'Espagnole jouant de la Guitare, représente l'adolescence. L'âge viril dans lequel l'Homme, par ses études et par son expérience acquiert de la gloire, est représenté par un Guerrier en cuirasse, tenant un Livre; il est couronné de Laurier. Enfin le dernier âge est représenté par un Vieillard appuyé sur une Table où l'on voit quelques pièces d'or et d'argent; il tient d'une main une bouteille d'osier, et de l'autre un verre.

Parmi les Peintres dont Valentin eut occasion de voir les Ouvrages à Rome, Caravage fut celui qu'il ambitionna le plus d'imiter. Sa manière forte lui plut singulièrement, et il se la proposa toujours pour modèle; ses Tableaux ne sont pas néanmoins aussi noirs et aussi outrés. On a lieu de croire que s'il eut vécu plus longtemps, il auroit, à l'exemple du Guide, adouci son Pinceau, et qu'il l'auroit rendu plus gracieux.

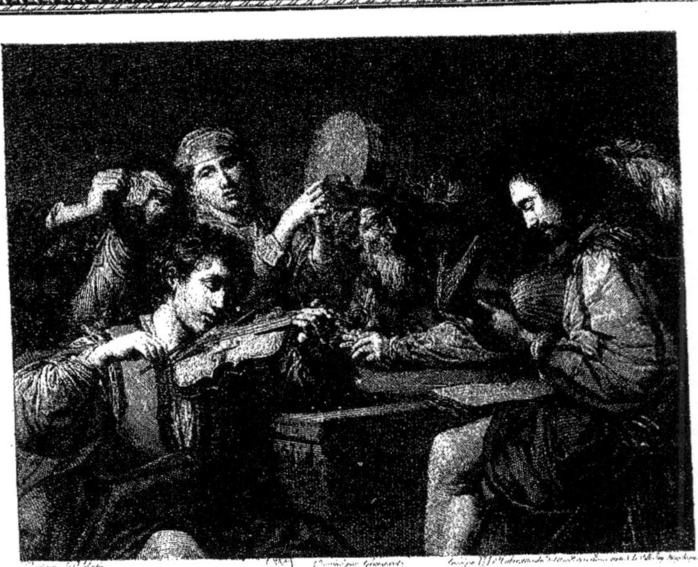

De la Galerie de S. A. S. Monseigneur le Duc d'Orléans.

ÉCOLE FRANÇOISE.

IIIᵉ TABLEAU DE VALENTIN.

Peint sur Toile, ayant de hauteur 5 Pieds 5 Pouces, sur 4 Pieds 6 Pouces de large.

Ce Tableau représente plusieurs personnages dont les principaux sont costumés à l'Espagnol, l'un joüe de la Guitarre, l'autre l'accompagne du Violon tandis qu'un autre frappe sur un Tambour de Basque, on voit un Vieillard qui les écoute et un Soldat qui boit.

Ces sortes de sujets purement de caprice et quelquefois burlesques ne sont pas tous susceptibles de graces, mais Valentin emporté par la pétulence de ses idées, doué d'une exécution hardie pleine de fierté et de chaleur, intéresseroit toujours par de grands effets, une couleur vigoureuse, et une touche ferme et facile.

Des figures vües à mi-corps n'en exigent pas moins, de la part du Peintre, la plus grande correction dans les plans qu'elles sont supposées occuper et c'est sous ce rapport particulièrement que ce morceau cy paroit être répréhensible.

Ce Tableau qui est bien conservé a passé du Cabinet de Mr. Nancré dans celui de Mgr. le Duc d'Orléans.

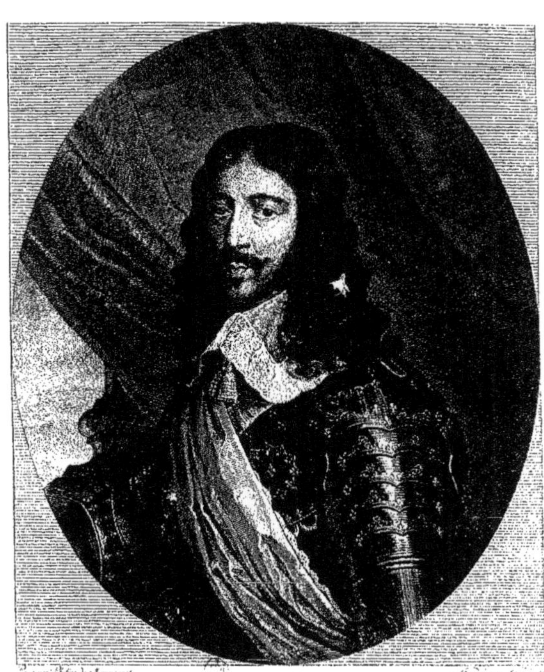

ÉCOLE FRANÇOISE.

I.ᵉʳ TABLEAU DE PHILIPPE DE CHAMPAGNE.

Peint sur Toile, Ovale, ayant de hauteur 2 Pieds 4 Pouces, sur 1 Pied 8 Pouces de large.

Les Portraits peints par Champagne sont recherchés par les Amateurs les plus éclairés; un Pinceau moëlleux et aimable, une belle fonte de Couleurs et une grande correction de Dessin les rendent précieux. Celui-ci représente Louis XIII et réunit a la plus belle exécution le caractère de la plus grande vérité.

Philippe de Champagne né à Bruxelles, vint à Paris en 1621 où il se perfectionna dans l'École de Poussin et dans celle de Duchesne; après la mort de ce dernier il lui succéda dans la place de premier Peintre de la Reine et il auroit obtenu celle de premier Peintre du Roi sans la concurrence et la réputation de Le Brun. l'on a de lui d'excellens tableaux dans plusieurs Maisons Royales et dans différentes Églises de Paris; l'on regarde comme un chef d'œuvre de Perspective et de connoissance un Crucifix qu'il a peint à la voûte des Carmélites du Faubourg S.ᵗ Jacques. Ce grand Maître mourut en 1674.

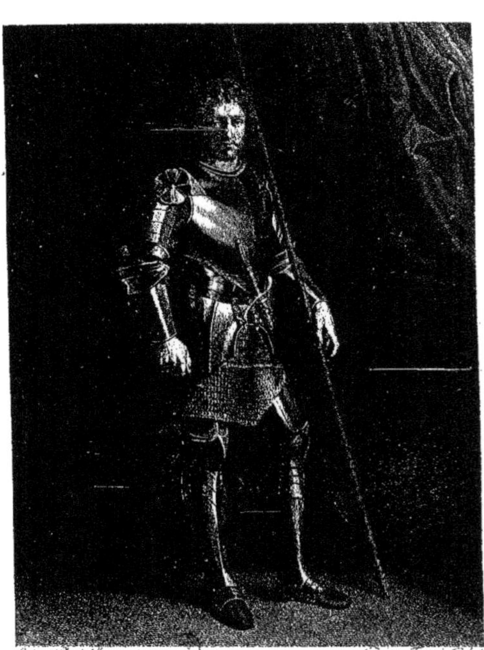

GASTON DE FOIX.

De la Galerie du Palais Royal.

ÉCOLE FRANÇOISE.

II.e TABLEAU DE PHILIPE DE CHAMPAGNE.

Peint sur toile, ayant de hauteur 6 Pieds 8 Pouces, sur 4 Pieds de large.

Ce Tableau fait partie de la Collection des hommes illustres peints par Champagne dans la Galerie du Cardinal de Richelieu; il représente Gaston de Foix, Duc de Nemours, Comte d'Etampes et Général des armées françaises en Italie. Ce Prince, qui étoit Neveu de Louis XII, donna de bonne heure des preuves de valeur et particulièrement à la Bataille d'Aignadel que le Roi gagna contre les Vénitiens. Les autres services qu'il rendit au Roi, après avoir été revêtu des dignités de Prince, Fils du Roi, etc. et de Général à l'âge de 20 ans, commencèrent par l'adresse qu'il fit paroitre en repoussant les Suisses qui étoient venus pour attaquer le Milanois par les promesses du Pape etc. Il défendit ensuite Boulogne contre ces derniers et contre les Vénitiens et Dit leurs ennemis prit d'assaut la Ville de Bresse, et gagna en outre la fameuse Bataille de Ravenne où il perdit la vie à l'âge de 24 ans.

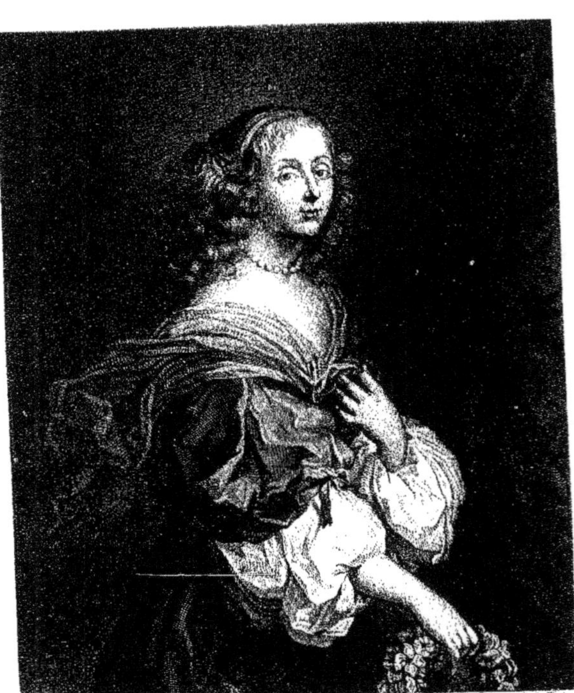

CHRISTINE, REINE DE SUÈDE.

De la Galerie de S. A. S. Monseigneur le Duc d'Orléans.

ÉCOLE FRANÇOISE.

1.er TABLEAU DE SEBASTIEN BOURDON.

Peint sur Toile, ayant de hauteur 3 Pieds 3 Pouces, sur 2 Pieds 8 Pouces de large.

Monseigneur le Duc d'Orléans possède deux Tableaux de ce Maître.

Ce Portrait est d'une touche fine, spirituelle et d'un Dessin sçavant; les détails en sont rendus avec le précieux qui convient à ce genre. Sébastien Bourdon, né à Montpellier, doit être d'un mois et d'un génie plein de feu pour la Peinture. Il étudia en Italie et d'une... manière. Quelques querelles qu'il eut à Rome le forcèrent de repasser en France; mais les troubles qui y régnaient alors et qui... les travaux des Beaux Arts, lui firent entreprendre le voyage de Suède, où il peignit le Portrait de la Reine Christine que l'on... De retour à Paris il fut Recteur de l'Académie Royale de Peinture et se distingua par de grands ouvrages. Son Tableau le plus estimé est le Martyre de St. Pierre que l'on voit dans l'Église de Notre-Dame. Il mourut en...

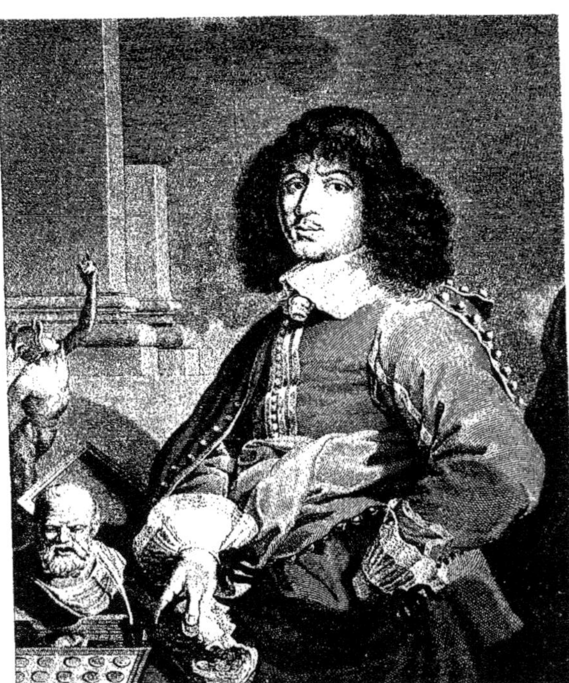

PORTRAIT DE WARIN

De la Galerie du Palais d'Orléans

ÉCOLE FRANÇOISE.

II.me TABLEAU DE SEBASTIEN BOURDON.

Peint sur Toile, ayant de hauteur 4 Pieds 3 Pouces, sur 4 Pieds 8 Pouces de large.

Jean Warin Secretaire du Roi, Intendant des Bâtimens, Directeur Général des Monnoies de France et l'un des plus célèbres Graveur du XVII.me Siècle, était natif de Liège, d'une famille noble. Étant devenu Page du Prince de Rochefort, son inclination naturelle le porta a dessiner, et il se rendit habile dans la Sculpture et dans la Gravure. Le Roi Louis XIII, informé de sa Capacité, l'employa, et créa deux Charges en sa faveur, l'une de Directeur-Général des Monnoies, l'autre de Graveur Général des Coins pour ses Monnoies. Warin fit sous le règne de Louis XIII et sous la minorité de Louis XIV, des Médailles et des Monnoies, qui passent pour des Chef-d'Œuvre de Gravure, et qui ont rendu son nom immortel. Il mourut à Paris en 1672 à 68 ans, lors qu'il travailloit à l'Histoire Métallique du Roi.

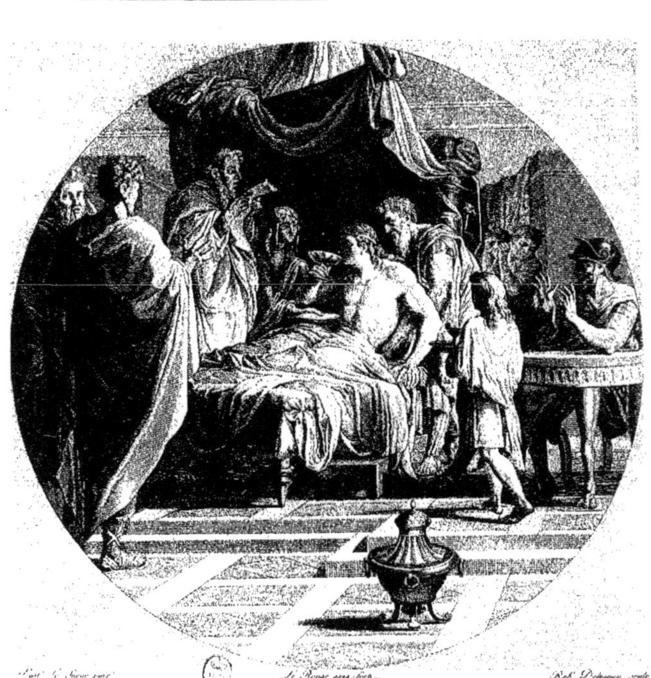

ALÉXANDRE ET SON MÉDECIN.

De la Galerie du Palais d'Orléans

ÉCOLE FRANÇOISE.

TABLEAU D'EUSTACHE LE SUEUR.

Peint sur une toile ronde de trois pieds de diametre.

Aléxandre dangereusement malade pour s'être imprudemment baigné dans le Cydne, tourmenté de l'arrivée prochaine de Darius qu'il avoit longtems desiré, seduit par l'espoir de reparoître bientôt à la tête de ses armées, avoit consenti à prendre le remede que Philippe devoit lui donner sous trois jours. L'effet promis paroissoit trop prompt à ses confidens pour n'être pas dangereux. Chacun trembloit excepté celui qui y étoit le plus interessé, et lui seul étoit faussement averti que Darius avoit corrompu son medecin.

Le jour venu, Philippe entre avec son remede. Aléxandre tenant la lettre de dessous son chevet, la donne à lire à Philippe, en même tems il prend la coupe, et les yeux attachés sur lui, il l'avale sans hésiter et sans temoigner le moindre soupçon ni la moindre inquietude. C'est le moment representé, et l'on ne sauroit trop admirer avec quel art le Sueur a exprimé son sujet. Aléxandre jeune encore, couché à demi nud, occupe la place la plus favorable pour attirer les regards; le calme regne sur toute sa personne. Philippe temoigne en lisant autant de surprise que d'indignation, la crainte regne dans tous les esprits, elle paroit d'autant plus grande que celui que l'eprouve est plus jeune, moins que sur la droite un vieux guerrier devenu par l'âge moins sensible aux evenemens contraste fierement par son indifference avec l'agitation qui regne parmi les spectateurs.

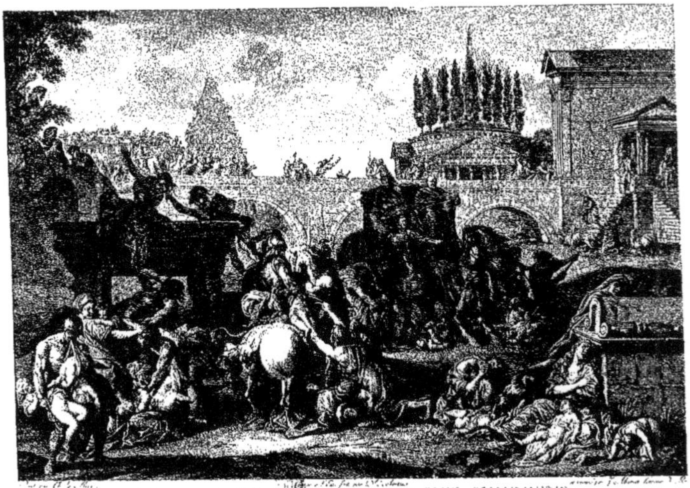

LE MASSACRE DES INNOCENS

De la Galerie de S. A. S. Monseigneur le Duc d'Orléans.

ÉCOLE FRANÇOISE.

I.er TABLEAU DE CHARLES LE BRUN

PREMIER PEINTRE DU ROI,

Peint fur Toile, ayant de hauteur 4 Pieds 2 Pouce, fur 5 Pieds 9 Pouces de large.

Deux Tableaux de ce Grand Maître sont dans la Galerie de Monseigneur le Duc d'Orléans.

Le Massacre des Innocens est d'une beauté achevée: la Composition et l'Ordonnance en sont sublimes, l'expression grande noble et juste; on n'y peut rien desirer soit du côté de l'élégance et de la pureté du Dessin, soit du côté de l'exécution et du goût des Draperies. Il avoit été commencé dès [illegible] pour un Chanoine Amateur de la Peinture, et ne fut achevé que quelques années après pour M. Du Metz, Garde du Trésor Royal.

Charles le Brun est un de ces hommes rares et extraordinaires, nés pour faire honneur à leur Art, à leur Siècle et à leur Patrie. Issu d'une famille originaire d'Écosse, qui avoit été obligée de passer en France à cause de son attachement à l'infortunée Marie Stuart, il naquit à Paris en 1619. Son Père qui étoit Sculpteur cultiva les dispositions heureuses qu'il annonça dès son enfance; mais il dût tous les progrès qu'il fit dans son Art aux bienfaits de M. le Chancelier Séguier, qui le plaça d'abord chez Vouet le plus habile Peintre de son temps, et qui l'envoya ensuite à Rome pour étudier les Chefs-d'Œuvre que cette Ville renferme.

Le Brun revint en France en 1646 et composa une multitude d'Ouvrages qui en étendant tous les jours sa réputation le portèrent enfin au plus haut degré de Gloire qu'un Artiste puisse ambitionner. Louis XIV, ce Protecteur éclairé des Talens dans tous les genres, regarda Le Brun comme l'homme le plus capable de conduire les vastes Projets qu'il avoit formés pour l'embellissement des Maisons Royales. Ce Monarque l'annoblit, lui donna des Armes distinguées, avec son Portrait enrichi de Diamans d'un grand prix, et le nomma enfin son premier Peintre en [illegible], en ajoutant à ce titre douze mille Livres de Pension, la Direction Générale de tous les Ouvrages qui se faisoient chez le Roi, et surtout de la Manufacture Royale des Gobelins où Le Brun eut un Logement.

Tous ces honneurs et ces bienfaits ne servirent, en quelque sorte, qu'à mettre les Talens de cet Artiste dans un plus beau jour, et l'on peut dire que son histoire est liée à celle des immenses travaux conçus et exécutés sous un des plus beaux Règnes qui ayent jamais été. Ce fut alors qu'on vit naître à Versailles ces Chefs-d'Œuvre qui excitent les hommages de la Postérité. Tout, dans ce Palais superbe, retentit du nom de Le Brun; on y voit de toutes parts des traces de son Génie, et surtout dans cette magnifique Galerie qui, selon l'expression d'un Auteur, lui auroit mérité des Autels dans l'Antiquité Payenne. Le Brun mourut à Paris en 1690, âgé de [illegible] ans.

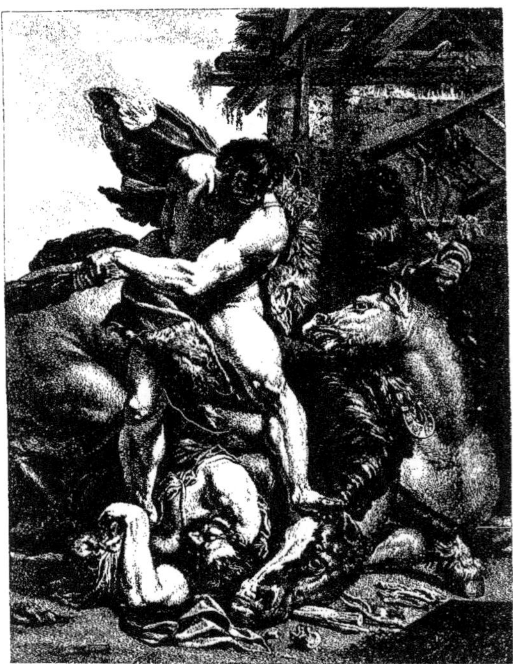

HERCULE ASSOMMANT LES CHEVAUX DE DIOMÈDE.

De la Galerie du Palais d'Orléans.

ÉCOLE FRANÇOISE.

IIe TABLEAU DE CHARLES LE BRUN.

Peint sur Toile ayant de hauteur 8 Pieds 8 Pouces, sur 5 Pieds - Pouces de large.

Diomède étoit Roi de Thrace. Hercule fit manger par ses propres chevaux ce Tyran qui les nourrissoit de Chair humaine, et leur faisoit dévorer les étrangers qui venoient dans ses états.

Ce Tableau qu'on dit avoir été fait par Charles Le Brun, a l'âge de 18 ans, est dessiné et touché avec toute la force et tout le goût qui caractérisent les autres productions de ce grand peintre. La composition est pleine de feu, la fierté des chevaux sur-tout inspire la frayeur par la vérité de l'expression.

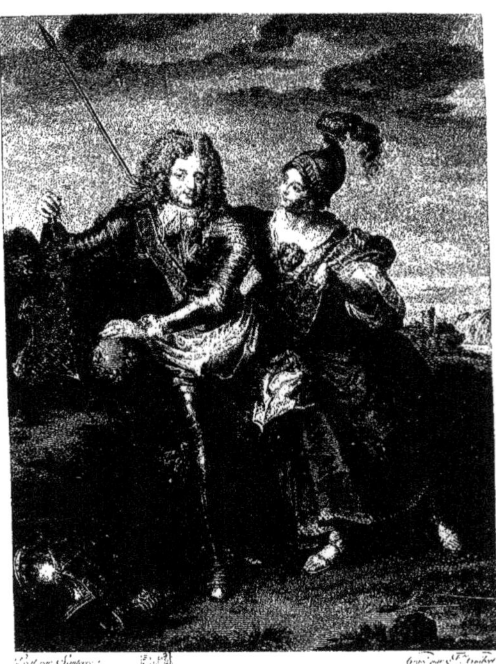

LE RÉGENT.

De la Galerie du Palais d'Orléans.

ÉCOLE FRANÇOISE.

TABLEAU DE JEAN BAPTISTE SANTERRE.

Peint sur Toile, ayant de hauteur 6 Pieds 8 Pouces, sur 4 Pieds de large.

Ce Tableau représente Philippe, petit fils de France, Duc d'Orléans, Régent du Royaume. Ce Prince né le 2 Août 1674 et mort à Versailles le 2 Décemb. 1723, jouit de ... Ans, était Spirituel, Savant et grand politique. Il s'occupait sans cesse des Arts et des Sciences; s'intéressait à leur progrès et accordait sa protection et des récompenses à ceux qui s'y distinguaient. Son amour pour la Peinture lui a fait rechercher les plus beaux Tableaux et a rendu à la France un trésor qui lui avoit été enlevé (les sept Sacremens du Poussin) aussi l'assemblage des Tableaux du Palais Royal, fait aujourd'hui l'admiration de toutes les Nations, et est une savante École de Peintres.

Jean Baptiste Santerre naquit en 1650, à Magny, ville du Vexin françois. Il fut reçu de l'Académie en 1704 et mourut à Paris le 21 Nov. 1717.

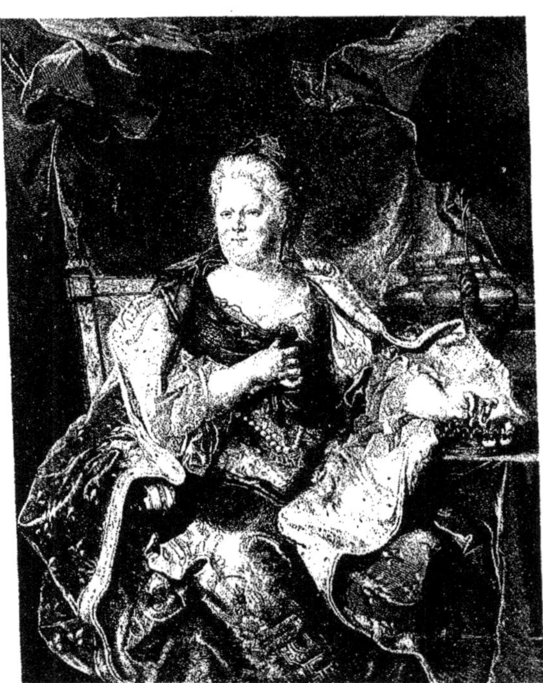

CHARLOTTE ELIZABETH DE BAVIERE DUCHESSE D'ORLÉANS.

De la Galerie du Palais d'Orléans.

ÉCOLE FRANÇAISE.

TABLEAU D'HYACINTHE RIGAUD.

peint sur toile, hauteur 5 pieds, largeur 5 pieds 10 pouces.

Hyacinthe Rigaud a été surnommé avec justice le Van-Dyck de la France. Les souverains, les grands et les seigneurs étrangers, les célèbres artistes et les savants du siècle de Louis XIV, ont emprunté son pinceau pour faire revivre leurs traits après leur mort. La ville de Perpignan, sa patrie, qui jouissait depuis 1479 du privilège de créer un noble, lui donna ses suffrages. — Louis XV ajouta à cet honneur de nouvelles lettres de noblesse, le cordon de St. Michel et des pensions. Rigaud parvint ensuite à la place de Directeur de l'Académie de peinture qui le perdit en 1748. — Il mourut à Paris le 29 Décembre âgé de 80 ans.

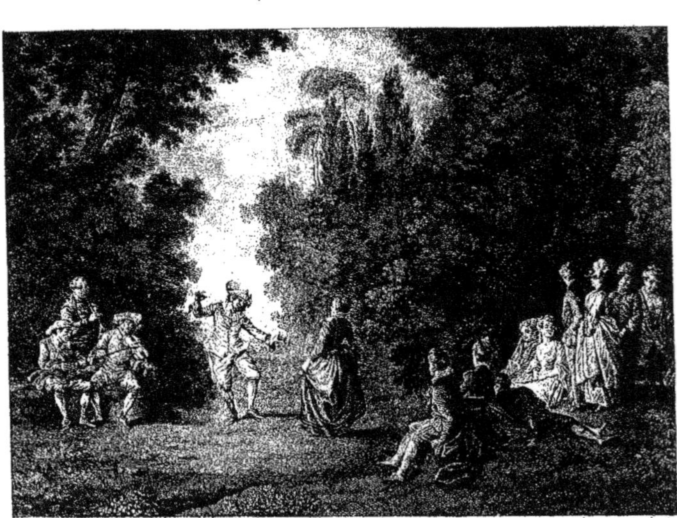

LE BAL CHAMPÊTRE.

De la Galerie du Palais d'Orléans.

ÉCOLE FRANÇAISE.

TABLEAU D'ANTOINE WATEAU.

Peint sur toile, haut de 2 pieds, sur 2 pieds 11 pouces de large.

Le lieu de la scène est un bocage. Deux personnes dans un costume de fantaisie, se livrent au plaisir de la danse, au milieu d'une société assez nombreuse, trois musiciens jouent des instrumens.

Watteau qui fut reçu à l'Académie de peinture en qualité de peintre des fêtes galantes, mérita ce titre par le choix de ses sujets qui rappelent les balets de l'opéra, et n'offrent point l'imitation de la nature, dans le sens que l'on attache ordinairement à ce mot. La manière de cet artiste est piquante et originale. On trouve dans ses tableaux une couleur chaude et vaporeuse, et une sorte de grâce assez convenable aux personnages qu'il a représentés.

Ce peintre était de Valenciennes, et vint à Paris fort jeune et fut élève de Claude Gillot qui se plaisait à peindre des bals, des représentations de comédies, des sabats et d'autres sujets bizarres. Il est mort à Nogent sur Marne en 1721, âgé de trente-sept ans.